AS/A-Level
Spanish

Sebastián Bianchi & Mike Thacker

Philip Allan Updates, an imprint of Hodder Education, part of Hachette UK, Market Place, Deddington, Oxfordshire OX15 0SE

Orders
Bookpoint Ltd, 130 Milton Park, Abingdon, Oxfordshire, OX14 4SB
tel: 01235 827720
fax: 01235 400454
e-mail: uk.orders@bookpoint.co.uk
Lines are open 9.00 a.m.–5.00 p.m., Monday to Saturday, with a 24-hour message answering service. You can also order through the Philip Allan Updates website: www.philipallan.co.uk

© Philip Allan Updates 2008

ISBN 978-1-84489-201-3

Impression number   5   4   3   2
Year   2012   2011   2010

Illustrations by Jim Watson

Printed in Malta

Hachette Livre UK's policy is to use papers that are natural, renewable and recyclable products and made from wood grown in sustainable forests. The logging and manufacturing processes are expected to conform to the environmental regulations of the country of origin.

P01213

Contents

Introduction

■ ■ ■

AS Questions and Answers

Listening

Speaking

Reading

Writing

A2 Questions and Answers

Listening

Speaking

Reading

Writing

Introduction

About the authors

Sebastián Bianchi is Lector in Spanish and Teaching By-Fellow at Churchill College, University of Cambridge. He is co-author of several multimedia language programmes such as *Spanish At Your Fingertips* (BBC Active), and contributes to journals such as *Vida Hispánica* and the interactive magazine *TECLA*.

Mike Thacker is former Director of the Language Centre at the University of Surrey and Chair of Examiners in Spanish for a leading exam board. Among his recent publications, as co-author, are *A Spanish Learning Grammar* (Arnold, second edition 2006) and the AS/A-level course *¡Ponte al día!* (Hodder Murray, second edition 2008).

Sebastián Bianchi and **Mike Thacker** are co-authors of the following series published by Philip Allan Updates:
AS/A-Level Spanish Exam Revision Notes (2001, second edition 2008)
AS Spanish Resource Pack (2004)
A2 Spanish Resource Pack (2005)

About this guide

This Question and Answer Guide aims to:
- cover a range of tasks of the type set by the three English awarding bodies
- give answers to the questions, where appropriate
- provide examiners' comments, where appropriate
- give sample marked answers at certain grades, together with analyses of performance
- refer to the assessment criteria of the awarding bodies, where appropriate
- indicate the topics covered by each sample question

Since there are similarities in the tasks set by the different awarding bodies, many of the tasks will be valuable to students whichever specification they are studying for. It is always clearly indicated, however, which examining board each task is related to.

The specifications referred to throughout are those examined for the first time in 2009–10.

How to use this guide

The main aim of this guide is to give practice in the range of question-types that are set at AS and A2, in the four skills of reading, listening, speaking and writing. The student will also benefit from the various explanations provided: some of these relate to use of the language, pointing out the typical mistakes made at each level, others concern the techniques of answering questions. Sample answers at different grades are given for selected tasks; these will help students to be realistic about the examiner's expectation in both language and content at particular grades.

Guidance on exploiting language skills

Reading texts

A variety of texts and question-types, drawn from the topics and tasks used habitually by the examining boards, has been selected. Apart from their value as samples of the boards' questions, these texts have a value in their own right. They focus on standard topics and they are pitched at the level that is required.

Listening scripts

The listening scripts offer a variety of types of spoken language such as monologues, dialogues, interviews and reports. They will be most effective as examination tasks if you have them recorded, and carry out the tests without reference to the transcript. The transcript could be referred to if there are particular difficulties that need to be resolved.

Speaking tasks

The speaking sections contain a number of complete tests which show individual performance at the different grades and give an insight into the type of questions that are asked by the examiner and the method of questioning. Each performance is analysed for its strengths and weaknesses and given a grade. The transcripts are full of useful vocabulary and idiom, including colloquial phrases which, if used naturally, could be valuable for your examination.

Writing tasks

There are many similarities between the topics to test writing skill that are offered by the different examining boards. Writing tasks are extremely varied and cover both general themes and culture, including literature. You are likely to find that the tasks and titles will be useful to you for examination practice, whichever specification you are studying for. The analysis of performance at different grades will give you a clear idea of what the examiner expects.

Note: as the answers to all tasks are realistic they also contain errors that are marked with an asterisk (*) so that you can note them and avoid committing them.

The main Spanish instructions used in exams

In each of the chapters you will find the main Spanish instructions used in exams. These have been transcribed verbatim from the sample tests provided by each of the boards for 2008 onwards and are not likely to change.

It is extremely important that you focus on the instructions in each of the sections of the exams, as writing over the word limit and/or digressing from the topic selected (especially in speaking and writing exams) could cost you many marks. The sample answers provided show instances of misreading of the instructions; you will see how the student has fared as a consequence.

Moving from GCSE to AS

In order to perform well, it is important that you consider the main differences between a GCSE and an AS exam. Apart from the topics, which are listed in full at the end of this introduction, you should note that:

- An AS exam assumes a level of understanding of important factual information, such as data and percentages. This means that you will be expected to interpret them and if possible recall them during a conversation or in an essay.
- You should be able to expand on the topics, again at a factual level. For example, if you are talking about drink-driving, you should think of practical solutions to the problem, not just describe it.
- Your use of vocabulary, syntax and grammar should be of a higher level than the basic one. Pay special attention to the use of specific vocabulary that refers to each of the topics you study, and become familiar with grammar constructions that are different to those of your native language. For example, instead of saying/writing: *Los niños juegan mucho con los ordenadores y menos con sus amigos, y eso está mal*, you could say: *No me parece bien que los niños jueguen más con los ordenadores en red que con sus amigos/pares*. The second sentence shows a structure using the subjunctive and more specific vocabulary.
- You should have experience of a variety of registers and accents in spoken Spanish. As the listening pieces on which you will be examined are longer than GCSE ones and also authentic, you are expected to understand Spanish spoken at a normal pace by a Spaniard or a Spanish-American with relative ease.
- Practice of role-plays is necessary in a variety of situations with a Spanish-speaker, such as a language assistant; note down your weak areas in order to practise them. Remember your pronunciation has got to be understandable and consistent.
- You should learn to think 'on your feet' and to be natural in your answers, oral or written. While it is not bad to learn turns of phrase in Spanish, you should not attempt to learn whole phrases by heart to try to incorporate them into your speaking and/or writing tasks. This often leads to artificiality and awkwardness, and, furthermore, does not show your capacity to reason for yourself.
- Stereotypes that apply to the Spanish-speaking world are to be avoided. Find relevant information about each of its regions and countries, e.g. Galicia is known for its rainy climate and not the sunshine, regions of high altitude in the Andes, especially in Bolivia, and far south in latitude, such as Patagonia, are extremely cold throughout the year.

Moving from AS to A2

The transition from AS to A2 is an interesting stretch of your analytical and linguistic abilities. In order to perform well at A2, apart from incorporating all the structure and content learnt at AS, you should note that:

- You need to achieve a more mature and analytical approach to the topics set by the boards. The exams will test your understanding of more abstract issues, ones that could elicit different opinions, unlike the more factual approach at AS.

- The use of vocabulary, syntax and grammar should be of a higher level than at AS. This means that you are expected to understand, and if possible use, more complex structures. For example, at AS you may have said/written: *España tiene un bajo nivel de natalidad. En consecuencia, hay menos trabajadores*, and at A2: *La natalidad en España, que es una de las más bajas de Europa, provoca un vacío en su población laboral que podría ser solucionado con la inmigración*. In the A2 example, the use of relative clauses incorporates analyses and opinions relevant to the subject you are speaking/writing about.
- Attention to local Hispanic issues and debates is important. You should be ready to participate, especially orally, in debates where other people/the examiner will have opposing views.
- Preparation to analyse a literary text, such as a short story, a play or a novel at A2 requires time. It is advisable that you read the text more than once before the exam, so that it is fresh in your memory. This could be achieved by reading the piece once while doing the AS course and then re-reading it during the A2 course, so that you come to the exam prepared to analyse it.

Guidance on approaching productive writing tasks

This section covers general advice on writing; detailed guidance is given in the relevant sections.

In order to enable you to perform successfully in the examination you need to be able to write *effectively*; this requires careful attention from the beginning of the AS course. It is vital to know, for example, how to build up a response by creating paragraphs focusing on specific ideas and how to link ideas by using connectives. It is also essential to have a good grounding in the grammar system of Spanish, which is detailed in the specifications of each examining board.

When answering questions in the examinations it is important to:
- pay careful attention to the stimulus, the wording of the question/title and the number of words required
- ensure that you cover all the points raised by the task or essay title
- check the first draft carefully, making sure especially that verb forms and tenses are correct
- write concisely, avoiding repetition
- make a clear plan before beginning to write, and follow it
- for essays, write a brief introduction, a 'middle' or core which develops your response to the question as fully as possible (within the word-limit), and a conclusion
- leave time at the end to check the final version carefully

Guidance on approaching the speaking tests

This section covers general advice on speaking; detailed guidance is given in the relevant sections.

In order for you to perform well at both AS and A2 orally, you should learn to become *natural* and *fluent* in your use of Spanish. This implies that your answers should not sound contrived or memorised and that you have the necessary command of the language to carry out a conversation with a Spanish speaker on topics of increasing complexity and abstractness.

In order to achieve that, you should focus on the following:
- the content of what you are going to express. Ask yourself: *Do I know what I am going to talk about?* If you realise that you do not, keep researching until you feel confident with each of the topics studied.
- the links and development of your ideas. These should be expressed in a logical, clear manner, without jumping from one topic to another that is unconnected. Check that your interlocutor is following your line of reasoning at all times.
- the correct use of structures and vocabulary. This is assessed under 'quality of language' and implies that you have studied the vocabulary, grammar and structures at an advanced level. Furthermore, their correct use will avoid confusion or ambiguity.
- a correct pronunciation and intonation. This is also assessed under 'quality of language' and implies that your accent and pace are such as will not interfere with understanding or sound too foreign. As Spanish is a language spoken in many countries, it is important that you stick to the pronunciation and intonation in one of them and are consistent with it.

When answering questions in the examinations it is important to:
- Keep the conversation 'flowing', without pausing for long periods. Even if you do not recall the exact word or phrase you would like to use, it is better to paraphrase and keep the pace of the conversation than to stop.
- Ensure that you answer the question being asked.
- Think 'on your feet' and voice your opinions. Remember that you will not be able to write them down during the exam.
- Avoid inserting memorised sentences, as you could use them in the wrong place and cause the conversation to taken an unwanted turn.
- Use the correct register, depending on the role you are performing. If the examiner is meant to be a friend, you should be informal, and if he/she is in a position of authority, be formal throughout.
- Discuss and debate ideas, where appropriate, in a polite but clear manner, stating your point of view and expressing disagreement if necessary.
- Engage fully in the conversation even if it refers to a topic that you do not find particularly interesting.

Note: the following abbreviations have been used in this book:
E = España
HA = Hispanoamérica
RPl = Río de la Plata (Argentina, Chile, Paraguay y Uruguay)

The topics of the main awarding bodies

AQA

AS (Units 1 and 2)

Media

Television
- Television viewing habits
- Range of programmes, e.g. their appeal and popularity
- Range of channels, including satellite and internet
- Benefits and dangers of watching television

Advertising
- Purposes of advertising
- Advertising techniques
- Curbs on advertising, e.g. tobacco, alcohol
- Benefits and drawbacks of advertising

Communication technology
- Popularity of mobile phones, MP3 players etc.
- Benefits and dangers of mobile phones, MP3 players etc.
- The internet – its current and potential usage
- Benefits and dangers of the internet

Popular culture

Cinema
- Types of film, changing trends
- The place of the cinema in popular culture
- A good film I have seen
- Cinema versus alternative ways of viewing films

Music
- Types of music, changing trends
- The place of music in popular culture
- Music I like
- How music defines personal identity

Fashion/trends
- How we can alter our image
- Does how we look define who we are?
- Lifestyle and leisure activities
- The cult of the celebrity

Healthy living/Lifestyle

Sport/exercise
- Traditional sports versus 'fun' sports
- Reasons for taking part in sport/physical exercise
- Factors influencing participation in sport/physical exercise
- Links between physical exercise and health

Health and well-being
- Alcohol, tobacco and other drugs
- Diet, including eating disorders
- The 'work/life balance'
- Risks to health through accidents

Holidays
- Types of holiday and holiday activities
- The impact of tourism on holiday destinations
- Purposes and benefits of holidays
- Changing attitudes to holidays

Family/Relationships

Relationships within the family

- Role of parents and importance of good parenting
- Attitudes of young people towards other family members
- Conflict between young people and other family members
- Changing models of family and parenting

Friendships

- Characteristics and role of friends
- Conflicts with friends
- Importance of friends
- Friendship versus love

Marriage/partnerships

- Changing attitudes towards marriage or cohabitation
- Separation and divorce
- Staying single: benefits and drawbacks
- Changing roles within the home

A2 (Units 3 and 4)

Environment

Pollution

- Types, causes, and effects of pollution
- Measures to reduce pollution
- Individual action/responsibility versus collective action/responsibility
- Transport issues

Energy

- Coal, oil and gas
- Nuclear
- Alternative energy sources
- Changing attitudes to energy consumption

Protecting the planet

- Ways of minimising environmental damage
- The role of pressure groups
- Initiatives to improve awareness and change behaviour
- Responsibilities towards other nations, especially developing countries

The multicultural society

Immigration

- Reasons for immigration
- Benefits and problems of immigration for immigrants and for country of destination
- Migration within the enlarged EU
- Curbs on immigration

Integration

- Factors facilitating integration
- To which culture should immigrants show loyalty?
- Experiences of individual immigrants

Racism

- Victims of racism
- Reasons for racism
- Measures to eliminate racism and their effectiveness
- Experiences of individuals, including those of 2nd and 3rd generation immigrants

Contemporary social issues

Wealth and poverty

- Causes of poverty in Europe and developing countries
- Work of charitable organisations and governments
- Attitudes to wealth and poverty
- Link between wealth and health

Law and order

- Examples of crime, especially committed by or affecting young people
- Reasons for criminal and anti-social behaviour
- Measures to reduce crime and their effectiveness
- Alternatives to imprisonment, their appropriateness and effectiveness

Impact of scientific and technological progress

- Technology in the home and workplace, including IT
- Space and satellite technology
- Medical research
- Ethical issues linked to scientific and technological progress

Cultural topic

- A target-language speaking region/community
- A period of 20th century history from a target-language speaking country/community
- The work of an author from a target-language speaking country/community
- The work of a dramatist or poet from a target-language speaking country/ community
- The work of a director, architect, musician or painter from a target-language speaking country/community

Edexcel

AS (Units 1 and 2)

Youth culture and concerns

Sub-topics (Unit 1 only):

- Music and fashion
- Technology (e.g. MP3/blogs/mobile phones/internet/games)
- Relationships (family/friendships and peer pressure)
- Drink, drugs, sex

Lifestyle: health and fitness

Sub-topics (Unit 1 only):

- Sport and exercise
- Food and diet
- Health issues (e.g. smoking, skin cancer, health services)

The world around us: travel, tourism, environmental issues and the Spanish-speaking world

Sub-topics (Unit 1 only):
- Tourist information, travel and transport
- Weather (e.g. natural disasters, climate change)
- Pollution and recycling

Education and employment

Sub-topics (Unit 1 only):
- Education (schooling and higher education)
- Education policy and student issues
- The world of work (e.g. the changing work scene, job opportunities and unemployment)

A2 (Units 3 and 4)

- **Youth culture and concerns**
- **Lifestyle: health and fitness**
- **The world around us: travel, tourism, environmental issues and the Spanish-speaking world**
- **Education and employment**
- **Customs, traditions, beliefs and religions**
- **National and international events: past, present and future**
- **Literature and the arts**

The following topics are the 'areas of research' for Unit 4, Section C:
- Geographical area
- Historical study
- Aspects of modern society
- Literature and the arts (e.g. text, play or film)

OCR

AS (Units 1 and 2)

Aspects of daily life
- The family: different structures and relationships; living conditions
- Food, drink, health, obsessions and addictions
- Transport: trends and patterns in usage

Leisure and entertainment
- Sport (including national sporting concerns and traditions)
- Tourism and related themes
- Leisure activities: aspects of cultural life, e.g. film, theatre; the arts as part of leisure time

Communication and media

- Communication technology: patterns and changes to communication in daily life
- Media, e.g. written press; radio; television (roles and influences)

Education and training

- School and school life: individual experiences; local and national concerns
- Work and training: individual experiences; school to work preparation, transition and aspirations

A2 (Units 3 and 4)

Society

- Integration and exclusion: age, gender; race; religion; equality of opportunity
- Law and order: trends of crime and punishment; civil unrest; policing
- Unemployment: causes and consequences (local, national or global)

The environment

- The individual and the environment: recycling; reducing individual energy usage and impact; local conservation
- Energy management: alternative energy sources; changing use of fossil fuels; nuclear energy; changing energy demands
- Pollution: causes; consequences; solutions
- Conservation of the natural world: changing habitats; impacts of man and pollution; local, national or global initiatives

Science and technology: impact and issues

- Medical progress: development and change
- Scientific advances: change and innovation
- Technological developments: change and development

Culture

- Literature and the arts: trends, changes, influences and impacts on individuals and society
- Political issues: changes at local and national level; impacts on the individual and society
- Heritage and history: influence and impacts of heritage (including colonial heritage) and historical events (national and international) on contemporary society

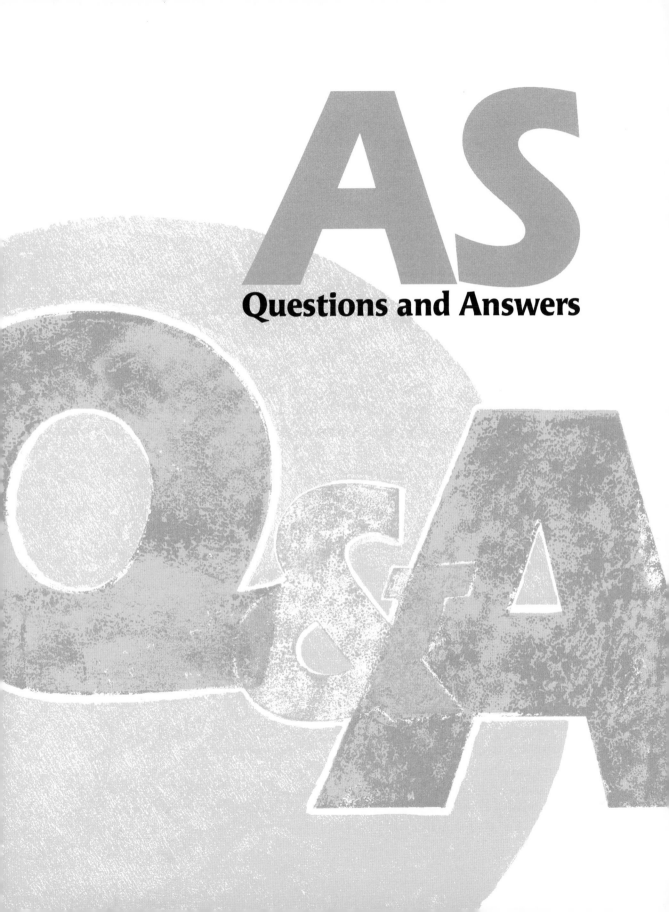

AS

Questions and Answers

AS Listening

*I*n this section we will analyse samples of audio texts that are typical of all boards at AS, taking into account the new board specifications from 2008.

For practical reasons, they are divided into six interviews and six monologue scripts of increasing length and complexity. Half of them refer to Spain and the other half to Spanish America. As is typical of AS papers, the emphasis is mostly on topical, concrete information rather than abstract points relating to Spanish-speaking countries. The scripts feature authentic pieces such as announcements, advertisements, interviews, radio talks, discussions, broadcasts, telephone messages etc. lasting no more than 2 minutes and not exceeding 300 words as a rule.

As well as the **answers** (i.e. the marking scheme), the exercises based on scripts 1, 7 (Task 1), 8 and 10 display **sample answers**: for scripts 1 and 8 a performance by a student who got a grade C, for script 7 a performance by a B-grade student, and for script 10 a performance by an A-grade student.

Where appropriate, there are **examiner notes** to draw attention to aspects of the extract that could be difficult.

Notes on assessment

You should be aware that from 2008, AQA and OCR offer listening at AS in a combined paper called *Unit 1: Listening, Reading and Writing* (*1* for OCR). Edexcel also combines the testing of three skills in one paper, which is entitled *Unit 2: Understanding and Written Response in Spanish*.

In this type of paper, where both questions and answers are in Spanish, marks are allocated primarily for comprehension of general and specific points in the listening extract rather than for linguistic accuracy in the expression of the answer, which will consist of either non-verbal responses or short responses in Spanish. The examiner will have a list of correct points for each question and candidates who communicate them fully and clearly will receive the maximum mark for the question. Marks are withheld if the language employed is so unclear, ungrammatical or ambiguous in meaning that the examiner cannot tell whether the Spanish has been understood or not.

It is important for you to answer in your own words. If you 'lift' the answer from the listening extract, however, this is usually regarded with more leniency than if lifted from a reading paper, since you do not have the text in front of you.

Notes on the type of task

The tasks you are likely to encounter in this paper are:
- **open-ended comprehension questions** in English and Spanish
- **choosing** a number of statements that refer to the passage from a list of correct and incorrect ones

- **true**, **false** and **not mentioned**
- **gap-fill in Spanish**, i.e. completing a summary of the audio with words provided, which include 'distractors' (words that could fit but that are not suitable)
- **'cloze'** (a kind of gap-fill) **test (OCR)**
- **completing sentences** with one of three possible **multiple-choice endings**
- **completing a chart with data** from the audio: you are given numbers and/or categories to write what they represent in the audio; conversely, you could be given concepts and will have to provide the figures that refer to them

All tasks in this chapter are typical of all three boards, hence the only differences could lie in the type of rubric used by each board.

Pointers for a good performance

In order to perform well you should show the following in your answers:
- a clear understanding of main points of the audio, e.g. *es un aviso sobre actividades de invierno*
- the ability to paraphrase and summarise what the audio is about, e.g. *el tren TALGO con destino a Santurce no saldrá* becomes *no es el TALGO con rumbo a Santurce...*
- a good understanding of a variety of spoken registers, e.g. *te cuento lo que pasó en el festival...*, or *la política de un centro de investigación establece que...* etc.
- a good understanding of grammatical items such as tense and mood, e.g. *No les importa nada que la gente les saque fotos...* etc.
- understanding of structures, e.g. *Nada más llegar, comencé un curso de verano...* etc.

Script 1 Entrevista El tiempo libre

Escucha un segmento de un programa de radio en el que un promotor habla de una actividad de ocio.

El esquí en los Pirineos

Presentador: Bienvenidos a nuestro programa "Montañas de diversión". Tenemos aquí a un promotor, Diego Gil Leyva, que nos dirá qué hacer esta semana. Entonces, Diego, ¿podremos ir a esquiar a Jaca, en los Pirineos Aragoneses?

Promotor: Pues lamentablemente no este fin de semana. La nieve que ha caído no es suficiente para llegar al nivel que establecen las regulaciones para abrir las pistas. Es una verdadera pena, porque son excelentes. Les recomiendo, sí, que aquellos que hayan hecho reservas, desvíen su camino hacia los Pirineos Catalanes. Allí se aceptan los billetes para nuestro centro turístico, sin recargo y hasta la próxima temporada.

Presentador: ¡Fantástico! O sea que...

Task

Listen to this short interview on the radio and provide the information required
IN ENGLISH:

(1) the activities the interviewee refers to and when and where they are
taking place (3)

(2) what the problem is (3)

(3) what he recommends and why (4)

Sample answer at grade C

(1) He refers to practising ski ✔ this weekend. ✔ (2)

🄴 Only two correct points given.

(2) There is no snow ✗ and they're required ✔ not to open the pistes. ✔ (2)

🄴 One point misunderstood completely, the other conveys the meaning correctly.

(3) He tells people to make reservations ✗ in the Catalan Pyrenees ✔
where they have tickets ✗ for the rest of the season. ✗ (1)

🄴 Misunderstood. Only 1 mark awarded for the alternative location.

Total: 5 marks out of 10

Answers

(1) He refers to skiing (1)
in Jaca, (in) the Aragonese Pyrenees (1)
this weekend. (1)

(2) There isn't enough snow (1)
as is required (1)
to open the pistes/ski slopes. (1)

(3) He recommends those with reservations (1)
to go to the Catalan Pyrenees (1)
where the tickets for their tourist centre are accepted (1)
until the next season. (1)

Script 2 Monólogo   El transporte

**Escucha un anuncio hecho por altavoz en una estación de trenes de España y
completa el ejercicio a continuación.**

Aviso de RENFE

Altavoz: RENFE anuncia. Su atención, por favor. Debido a problemas técnicos, se avisa a
los señores pasajeros que el tren TALGO con destino a Santurce no saldrá del

andén 42, sino del 24, que se encuentra sólo a unos metros a la derecha. En consecuencia, se ruega a los señores que hayan abordado el tren que se encuentra parado que desciendan con su equipaje y se dirijan al nuevo andén. Nuestro personal se encuentra a su disposición para ayudarles con el cambio, y el tren no partirá hasta que todos hayan abordado. El horario, por consiguiente, se extenderá unos minutos, y se anunciará su partida a la brevedad. RENFE se disculpa por las molestias causadas. Gracias.

Task

Lee el siguiente resumen del extracto. Rellena los espacios en blanco con la palabra adecuada de la lista de abajo, según lo que oyes. ¡Cuidado! Sobran palabras.

En este anuncio se explica que el tren que se encuentra ....(1) en la vía cuarenta y dos no es el Talgo con ....(2) a Santurce. Éste partirá de la vía ....(3). Por lo tanto, la gente que ya se ha ....(4) al tren tiene que bajar con sus maletas y ....(5) al otro andén, con la ayuda del personal, y se les esperará. RENFE ruega que los viajeros disculpen los inconvenientes.

cuarenta y dos	veinticuatro	dirigirse	quedarse	rumbo
marchando	detenido	esperado	subido	equipaje

Answers

(1) detenido   **(2)** rumbo   **(3)** veinticuatro   **(4)** subido   **(5)** dirigirse

Script 3 Monólogo El arte y la cultura

Escucha un anuncio por altavoz en una librería en el centro de Barcelona y completa el ejercicio a continuación.

Un gran escritor nos visita

Altavoz: ¡Buenas tardes, estimados lectores y amigos! Bienvenidos a una nueva "Tarde de lectores y escritores". Tenemos el gran placer de avisar a todos ustedes que el célebre escritor gallego Manuel Rivas, autor de obras tan famosas como el cuento "La lengua de las mariposas", se encuentra con nosotros en esta ocasión. En primer lugar, y para todo aquel que lo desee, va a firmar ejemplares de su nueva colección de cuentos en el tercer piso de nuestra librería. Luego, los invitamos cordialmente a la charla que sobre ellos dictará desde las 20 horas. Ya que los espacios son limitados para esta última, se advierte que las puertas de la sala se cerrarán 10 minutos antes de empezar. Les rogamos sean puntuales. Muchas gracias por su atención.

e Beware of certain adjectives of origin or 'gentilicios' in Spanish, as they may refer to regions, cities, towns as well as countries, and could therefore cause confusion. When listening, 'gallego' could suggest Welsh origin (galés), when in fact it means Galician (the Celtic community in northwest Spain). This is tested in the questions (see question 1).

There are many false friends between English and Spanish. The word 'librería' on line 6 refers to a bookstore, not a library. This is particularly tricky when listening, so make sure to familiarise yourself with other false cognates/friends (see page 65).

The verb 'dictar' at the end of the third line means 'conduct'. Study formal registers to avoid confusion, as it sounds close to 'dictadura', a topic not mentioned at all and included in the questions.

Task

Indica cuál de las tres opciones completa mejor la frase según el sentido del anuncio. Marca la letra adecuada con una cruz.

(1) Manuel Rivas...
- **A** es un escritor galés. ☐
- **B** estudia la literatura gallega. ☐
- **C** proviene de Galicia. ☐

(2) Se puede encontrar al escritor...
- **A** en una biblioteca. ☐
- **B** en la planta tercera. ☐
- **C** en el último piso de una librería. ☐

(3) Después de firmar ejemplares de su nuevo libro...
- **A** charlará con la prensa. ☐
- **B** hablará de una dictadura. ☐
- **C** pronunciará un discurso. ☐

(4) Las localidades para el acto...
- **A** son restringidas. ☐
- **B** se venden en la puerta de la sala. ☐
- **C** sobran. ☐

(5) Diez minutos antes de empezar...
- **A** no permitirán entrar a más gente. ☐
- **B** se firmará el último libro. ☐
- **C** se avisará al público que va a comenzar. ☐

Answers

(1) C, **(2)** B, **(3)** C, **(4)** A, **(5)** A

Script 4 Entrevista Viajes y turismo

Escucha una entrevista de un programa de viajes y turismo en el que se habla de la Isla de Pascua y completa el ejercicio a continuación.

La Isla de Pascua

Entrevistador: ¿Cómo se puede visitar la Isla de Pascua o Rapa Nui?

Guía: Bueno, lo que les recomiendo es tomar un vuelo con alguna línea aérea comercial de Chile, porque como es uno de los territorios chilenos más visitados, hay más oferta de pasajes desde el continente. Le queda un tanto lejos, a 3.700 kilómetros al oeste de la costa sudamericana, pero le aseguro que vale la pena. Eso sí, tómese algunos días, ¡porque tiene mucho para ver!

Entrevistador: Están aquellas famosas esculturas, ¿verdad?

Guía: Exactamente. Estos restos arqueológicos, llamados Moai, pertenecen a civilizaciones antiguas. Son cabezas de piedra de 2 a 10 metros de alto, que dan la espalda al Pacífico en la costa, o algunos cerca del volcán Rano Raraku, de donde se dice que vienen.

Entrevistador: ¿También hay volcanes?

Guía: ¡Claro! Es increíble como en una isla tan chica hay tres volcanes, un parque nacional, que ocupa un tercio de la superficie, y restos de culturas milenarias. Y para el que no busca historia hay pesca, surf, ¡y fiesta!

---

e Numbers, including fractions, such as the ones in this audio can be particularly tricky when listening to them, and this is tested. Practise distinguishing between very similar numbers by listening to them spoken out loud.

Task

¿Cuáles de las siguientes declaraciones son correctas? Pon una cruz (X) en las cinco casillas más adecuadas.

(1) La Isla de Pascua, o Rapa Nui, es parte de Chile. ☐

(2) Las aerolíneas chilenas ofrecen vuelos baratos a la Isla de Pascua. ☐

(3) La isla está a 370 kilómetros de la costa de Sudamérica. ☐

(4) Se recomienda pasar una buena temporada allí. ☐

(5) Sus esculturas más pequeñas miden menos de un metro. ☐

(6) Las cabezas o Moai están de cara al océano Pacífico. ☐

(7) Están hechas de piedra volcánica. ☐

(8) Rano Raraku es el único volcán en la isla. ☐

(9) Una tercera parte de la isla se ha convertido en parque nacional. ☐

(10) En la isla se practican deportes acuáticos. ☐

Answers

(1), (4), (7), (9), (10)

Script 5 Entrevista La familia y las relaciones

Escucha una entrevista en la que una coordinadora del grupo Mujer y Sociedad de la Universidad Nacional de Colombia habla de los cambios en las relaciones entre mujeres y hombres, y completa el ejercicio a continuación.

Mejor solas que mal acompañadas

Entrevistador: Hablemos de las mujeres que prefieren estar solas antes que mal acompañadas. ¿Quiénes son estas mujeres?

Coordinadora: En su mayoría pertenecen a los estratos medio y alto con acceso a educación, y son mujeres que no encuentran hombres que correspondan a sus expectativas. Y es que a menudo los hombres de Colombia siguen soñando con encontrar mujeres que se parezcan a su mamá, mujeres que los esperan a la salida de la oficina, que les preparan el postrecito que les gusta.

Entrevistador: ¿Y qué tienen que hacer estos hombres?

Coordinadora: Los hombres tienen que cambiar si quieren seguir al lado de las mujeres del siglo XXI. Esas mujeres de hoy, profesionales, que saben cocinar mucho menos que su mamá, que no están tan atraídas por la maternidad, y que ya no tienen ganas de tener seis hijos, si acaso uno, o máximo dos.

Entrevistador: Entonces, ¿cuál es la solución?

Coordinadora: Hay que cambiar el romanticismo, eso de "no puedo vivir sin ti", como dicen los boleros*, es muy lindo, pero en realidad es imposible, sobre todo para la nueva generación.

*bolero = música romántica tradicional en Centro y Sudamérica

Adaptado de "Caleidoscopio: ¿Y los hombres?", Hernando Álvarez, *BBCMundo.com*, Martes, 6 de septiembre de 2005

Task

Indica cuál de las tres opciones completa mejor la frase según el sentido de la entrevista. Marca la letra adecuada con una cruz.

(1) La entrevista trata de mujeres...

A solteras. ☐

B casadas. ☐

C que quieren divorciarse. ☐

(2) Muchas de esas mujeres son...

A de baja educación. ☐

B de clase media. ☐

C de clase obrera. ☐

(3) Las mujeres tienen dificultad en encontrar hombres...

    A que satisfagan sus necesidades. ☐

    B que tengan ambiciones similares. ☐

    C que no trabajen en oficinas. ☐

(4) Los hombres colombianos quieren...

    A esposas que quieran a sus madres. ☐

    B vivir con sus madres. ☐

    C una mujer ideal. ☐

(5) Según la entrevistada, los hombres deben...

    A seguir el ejemplo de las mujeres modernas. ☐

    B cambiar y adaptarse a las mujeres nuevas. ☐

    C estar más tiempo al lado de las mujeres. ☐

(6) Las mujeres de hoy en día...

    A buscan profesionales para aprender a cocinar. ☐

    B cocinan mucho peor que sus madres. ☐

    C no ponen tanto empeño en preparar la comida. ☐

(7) Con respecto a la familia, ellas...

    A buscan tener menos hijos que antes. ☐

    B sienten un rechazo total hacia la maternidad. ☐

    C quieren tener familias numerosas. ☐

(8) El romanticismo de ayer...

    A es un invento irreal de los boleros. ☐

    B no sirve para la generación actual. ☐

    C tiene que restablecerse. ☐

Answers

(1) A, (2) B, (3) A, (4) C, (5) B, (6) C, (7) A, (8) B

Script 6 Entrevista   El arte y la cultura

Escucha con atención una entrevista con un arquitecto de las obras de la Catedral de la Sagrada Familia, en Barcelona, y completa el ejercicio a continuación.

> ### La Sagrada Familia, ¿una obra eterna?
>
> **Entrevistadora:** La Sagrada Familia de Barcelona es una iglesia en constante crecimiento. ¿De quién depende su conclusión?
>
> **Arquitecto:** El público contribuye mucho. A principios de este siglo, por ejemplo, más de un millón y medio de personas contribuyeron a su construcción mediante el pago de la entrada. Y el ritmo continúa. Además, hay donaciones. Esto alienta mucho a los constructores, porque hace más real la posibilidad de concluir el interior del templo. Hoy día, en 2007, se cumplieron 125 años de la colocación de la primera piedra.

> **Entrevistadora:** ¿Y cómo es que pueden continuar con la obra si el arquitecto murió?
>
> **Arquitecto:** Es que la dedicación de Gaudí a esta construcción durante sus últimos 43 años de vida aseguró la continuidad de su proyecto. Nos dejó una parte muy importante en figuras de yeso. Además, en las zonas interiores, la informática permite encontrar las soluciones más correctas según las maquetas de Gaudí.
>
> **Entrevistadora:** ¿Y se sospecha cuándo se va a terminar toda la catedral?
>
> **Arquitecto:** Se habla de 2022 como el fin de las obras, pero el gran arquitecto Gaudí aseguró que "mi cliente — es decir, Dios — no tiene prisa".
>
> Adaptado de "¿Acabará la eterna obra inacabada?", *GEO*, No. 187, agosto de 2002

Task 1

Rellena el cuadro con la cifra (número) apropiada.

(1) El número aproximado de personas que pagaron para entrar en la catedral:	
(2) Año en que se entrevistó al arquitecto:	
(3) El número de años que cumplirá la construcción desde que se colocó la primera piedra:	
(4) Número de años que empleó Gaudí en proyectar la catedral:	
(5) Fecha proyectada para terminar la obra:	

Answers

(1) 1.500.000/un millón y medio   **(3)** 125   **(5)** 2022
(2) 2007   **(4)** 43/cuarenta y tres

Task 2

¿Cuáles de las siguientes declaraciones son correctas? Pon una cruz (X) en las cinco casillas más adecuadas.

(1) La Sagrada Familia puede terminarse sólo con ayuda privada. ☐
(2) Esta iglesia crece constantemente. ☐
(3) Los constructores reciben donaciones multimillonarias. ☐
(4) Los constructores quieren terminar la parte interna. ☐
(5) La primera piedra se colocó hace más de un siglo. ☐
(6) El arquitecto Gaudí murió antes de empezarse su construcción. ☐
(7) Gaudí dejó instrucciones y ayudas para concluir su obra. ☐
(8) Es posible planear lo que falta con ordenadores. ☐
(9) Hace años que el fin de las obras se extiende. ☐
(10) Gaudí dijo tener prisa por reunirse con Dios. ☐

Answers

(2), (4), (5), (7), (8)

Script 7 Monólogo El tiempo libre y el turismo

Escucha un programa de radio en el que la enviada de un periódico relata cómo se divierten varias comunidades indígenas de Ecuador y completa el ejercicio a continuación.

Diario de una visita a la fiesta del Inti Raymi

Día 4:

Anoche me acosté tarde, pues nos fuimos de parranda. Era el último día del Inti Raymi, el festival que se hace todos los años para que la tierra dé buenos frutos. Todo el pueblo estaba presente. Las mujeres con sus mejores trajes, las blusas blancas bordadas, y algunos hombres con su tradicional pantalón blanco, su sombrero y poncho azul o negro.

Gran parte de la fiesta consiste en un concurso de baile donde sólo participan parejas de hombres. Están disfrazados con máscaras, trajes y uno de ellos se viste y se mueve como una mujer. Bailan casi sin descanso durante más de tres horas al son de la orquesta.

Cuando me acerco para tomarles una foto, me miran sorprendidos y me dicen, sin dejar de cantar: gracias. La pareja ganadora — elegida por un jurado de la comunidad — se lleva un premio. Nadie supo decirme qué era, pero todos ponen su mejor empeño para llevárselo.

La fiesta comienza con la caída del sol y se extiende hasta altas horas de la noche. Los que no bailan, se sientan para observar el espectáculo y comentar cómo bailan los concursantes. Y los más chiquitos, cuando se aburren de ver a la gente bailar, juegan al fútbol de mesa y devoran caramelos que reparten los vendedores ambulantes.

¡Qué fiesta!

Adaptado de "Ecuador indígena: Día cuatro: fiesta", *Especial BBCMundo.com*, 16 de septiembre de 2005, www.bbc.co.uk/spanish/specials/1852_diario_ecuador/

Task 1

Contesta las siguientes preguntas EN ESPAÑOL. En lo posible, debes utilizar tus propias palabras.

(1) ¿Por qué se había acostado tarde la periodista la noche anterior?　(2)

(2) ¿Qué quería conseguir el pueblo con celebrar esta fiesta?　(1)

(3) ¿Qué tenía de singular el concurso de baile?　(1)

(4) ¿Cómo iban vestidos los que bailaban?　(2)

(5) ¿Qué premio se concedió a la pareja ganadora?　(1)

(6) ¿Qué pasó al hacerse de noche?　(1)

(7) ¿Qué hacían los niños mientras los mayores miraban el espectáculo?　(2)

Sample answer at grade B

(1) Porque habían celebrado mucho. ✔   (1)

🄴 Answer lacks full details. Sufficient information for 1 mark only.

(2) Quería una buena cosecha de fruta. ✔   (1)

🄴 Sufficient comprehension for the mark.

(3) Sólo bailan parejas de hombres. ✔   (1)

🄴 Correct meaning; earns mark despite incorrect tense.

(4) Llevaban máscaras de mujeres. ✔   (1)

🄴 Doesn't convey full idea of disguise. 1 mark only.

(5) No sabemos. La periodista no sabía. ✔   (1)

🄴 Correct meaning.

(6) La fiesta terminó. ✗   (0)

🄴 Misunderstood.

(7) Jugaban al fútbol de mesa ✔ y devoraban caramelos. ✔   (2)

🄴 Although the language of the extract is used, manipulation of the verbs takes place and so full marks are awarded.

Total: 7 marks out of 10

Answers

(1) Porque estaba celebrando (1)
el último día de la fiesta de Inti Raymi. (1)
(2) Que la tierra fuese productiva. (1)
(3) Que sólo tomaron parte parejas de hombres. (1)
(4) Llevaban disfraces (1)
y uno de cada pareja iba vestido de mujer. (1)
(5) La periodista no llegó a enterarse de lo que era el premio. (1)
(6) La fiesta empezó. (1)
(7) Jugaban al fútbol de mesa (1)
y comían caramelos. (1)

Task 2

Escribe la palabra del recuadro que mejor complete los espacios en el texto.
¡Cuidado! Se puede usar cada palabra sólo una vez y no necesitarás todas.

suele	intenta	saque	compre	sientan	esperan
despierta	insomne	ganar	descubrir	vestidos	disfraces
apasionados	profesionales	bailando	cantando	durante	por

La periodista que visitaba Ecuador estuvo .... **(1)** hasta tarde. Todo el pueblo .... **(2)** participar en el festival de Inti Raymi. En él, hombres y mujeres van .... **(3)** con un traje tradicional. Los concursantes del baile lucen .... **(4)**. Así, pasan más de tres horas .... **(5)**, y no les importa nada que la gente les .... **(6)** fotos. ¡Los participantes son muy .... **(7)**! Todos ponen mucho interés en .... **(8)** el premio. La fiesta no para .... **(9)** toda la noche, y los que no participan en el baile se .... **(10)** para ver el espectáculo.

Answers

(1) despierta   **(3)** vestidos   **(5)** bailando   **(7)** apasionados   **(9)** durante

(2) suele   **(4)** disfraces   **(6)** saque   **(8)** ganar   **(10)** sientan

Script 8 Entrevista — La salud y la sociedad

Escucha una entrevista de un programa de radio en el que un profesor y un entrevistador debaten un tema de polémica para los fumadores, y completa el ejercicio a continuación.

¿Fumas? ¡Entonces no vengas!

Entrevistador: Tenemos entendido que en el Centro de Investigación Príncipe Felipe no aceptáis como estudiantes a fumadores. ¿Es esto verdad?

Profesor: Bueno, no exactamente. Mire, nosotros somos un centro especializado en estudios de biomedicina, y somos un espacio libre de humo. Buscamos mejorar la salud y la seguridad, y la protección de las personas frente al humo del tabaco. Es por eso que recomendamos a los posibles candidatos que sean fumadores activos que no presenten solicitudes para becas.

Entrevistador: Entiendo, pero el *Club de Fumadores por la Tolerancia* dice que es un caso claro de discriminación laboral, y que fumar es un derecho de todos los individuos.

Profesor: No es así, no se discrimina a los fumadores en la concesión de becas, porque nadie debe declarar si es fumador o no, y por lo tanto ésta no es una razón para rechazar a alguien. Simplemente recomendamos que los fumadores activos no pidan estudiar aquí, ya que aquí no se puede fumar.

Entrevistador: ¿Usted cree que esto protege la salud de sus alumnos y personal?

Profesor: No sólo protege a éstos. Es nuestro propósito. Entre otras materias, este centro investiga las causas del cáncer. Y bien, para erradicar el cáncer sería mucho más efectivo que la sociedad deje de fumar en lugar de todas las investigaciones que hacemos, ¿no le parece?

Adaptado de "Un organismo público recomienda a los fumadores que se abstengan de presentarse a una beca", *ELPAÍS.es*, 9 de mayo de 2005

In a formal interview like the one above, many synonyms for common nouns and verbs are used that can cause delay and confusion if not recognised. Note how the following are used: *libre de humo (no fumador), la concesión de becas (los puestos que se dan), rechazar (no aceptar), propósito (objetivo), erradicar (terminar con)*. Make sure you train your ear for different styles, including formal ones.

Task

Listen to the interview on the radio and provide the information required IN ENGLISH:

(1) What specific reasons does the teacher give for wanting the Centre to be a smoke-free zone? (3)

(2) What advice is given to applicants for grants at the Centre? (2)

(3) How does the teacher respond to the accusation that the Centre is discriminatory? (3)

(4) Give one of the main areas of research in the Centre. (1)

(5) According to the teacher, what would make this research unnecessary? (1)

Sample answer at grade C

(1) Improving the students' health. ✔ (1)

e Only one correct point given.

(2) If they want to get in ✔ they mustn't smoke. ✔ (2)

e Both points clearly understood.

(3) They have to say when they apply ✗ if they smoke ✗ and they won't be accepted if they do. ✗ (0)

e Misunderstood.

(4) Lung cancer. ✔ (1)

e Not exactly, but understood sufficiently well to justify the mark.

(5) People shouldn't smoke any more. ✔ (1)

e Correct.

Total: 5 marks out of 10

Answers

(1) The Centre aims to improve health (1)
and safety (1)
and to protect people from the effects of smoking. (1)

(2) That they should not apply for grants/places (1)
    if they are active smokers. (1)

(3) He denies this accusation (1)
    because no one is obliged to declare that he is a smoker (1)
    and so this cannot be a reason for rejecting an applicant. (1)

(4) The Centre studies the causes of cancer, among other subjects. (1)

(5) People giving up smoking. (1)

Script 9 `Entrevista` La educación

Escucha una transmisión internacional, en la que se habla de la educación básica en Latinoamérica, y completa el ejercicio a continuación.

¡Abajo con la ignorancia!

Periodista: ¿Hay problemas con la educación en Hispanoamérica?

Experto: Bueno, hay millones de niños latinoamericanos que no tienen acceso a educación primaria o secundaria, según la Organización de las Naciones Unidas para la Ciencia y la Educación, o sea la UNESCO. Los últimos datos dicen que dos millones de estos niños sin escolarizar están en edad de asistir a la primaria y otros 20 millones a la escuela secundaria.

Periodista: ¿Y qué causa estos problemas?

Experto: Bueno, sabemos que en áreas rurales, por ejemplo, el 40% de los chicos no termina la primaria, o están atrasados dos años cuando lo hacen. También hay un alto índice de deserción o chicos que repiten, y se culpa a la baja calidad de la educación.

Periodista: ¿La educación primaria es obligatoria en todos los países?

Experto: De los 19 países que se han estudiado, sólo siete proporcionan educación primera universal: Argentina, Bolivia, Brasil, Cuba, Ecuador, México y Perú; y otros están a punto: Costa Rica, Uruguay y Venezuela.

Periodista: O sea que la situación mejora.

Experto: Ya lo creo. El número total de alumnos con matrícula, es decir, en las listas, aumentó en toda la región. Además, en los países analizados, al menos el 80% de los niños en edad de estudiar primaria están enlistados.

Periodista: Y estos países, ¿se esfuerzan por mejorar?

Experto: Sí, y mucho. Según la UNESCO, los países están empeñados en modernizar y reformar sus sistemas de educación. Además, en la región existen 6,5 millones de docentes para 143 millones de alumnos y estudiantes. Esto es muy alentador.

Adaptado de "Millones de niños en la ignorancia", *BBC Mundo*, 6 de febrero de 2002, http://news.bbc.co.uk/hi/spanish/latin_america/newsid_1805000/1805627.stm

---

Task

Rellena el cuadro con los datos apropiados.

(1) Organismo que ha provisto los datos:	
(2) Número de niños en América Latina que no asisten a la escuela primaria:	
(3) Número de niños en América Latina que no asisten a la escuela secundaria:	
(4) Porcentaje de niños en el campo que no acaban su educación primaria:	
(5) Países que pronto introducirán educación primaria obligatoria:	
(6) Porcentaje de niños inscriptos en las escuelas primarias en los países estudiados:	
(7) Cantidad de profesores:	

Answers

(1) UNESCO

(2) 2.000.000 / dos millones

(3) 20.000.000 / veinte millones

(4) el 40% / el cuarenta por ciento

(5) Costa Rica, Uruguay y Venezuela

(6) un 80% / un ochenta por ciento

(7) 6.500.000 / 6,5 millones

Script 10 Monólogo Temas de actualidad

Escucha a una inmigrante hablar de su vida en España, y completa los ejercicios a continuación.

Las experiencias de una inmigrante

Mariana: Bueno, mi historia podría ser la de la típica psicóloga argentina que decide cruzar para seguir su formación, ¿no? Mi padre es gallego, y en mi casa en Buenos Aires siempre escuché historias sobre Galicia.

Con 29 años cumplidos, me decidí a usar mis ahorros y venir a España a estudiar y a conocer mis orígenes.

Nada más llegar, comencé un curso de verano en la Universidad Complutense de Madrid, y conseguí una ayuda y estuve alojada en un colegio mayor. Pero me quedé al terminar, por dos cosas: la generosidad de una compatriota que me invitó a vivir con ella y la calidad humana de mis profesores. Mi familia y mis amigos de acá me decían: "no te preocupes, que lugar para dormir y comer nunca te va a faltar". Así, un curso de tres meses se convirtió en un máster de dos años.

> Estando aquí, me he dado cuenta de que las cosas que uno cree imprescindibles no son tantas y entran en una valija*. Ahora tengo menos necesidades materiales y me parece que tener más de dos pares de zapatos es un lujo. Y... son cosas como éstas, y poder aprender, proyectarme, viajar, y tener tan cerca la sierra de Madrid... que me ayudan a quedarme.
> Soy una inmigrante afortunada, pero no todo ha sido color de rosas.
> A veces echo muchas cosas de menos, pero no lo veo como algo negativo: si no tengo dulce de leche, a cambio puedo tener jamón ibérico.
>
> *valija (RPl) = maleta
>
> Adaptado de "Máster en humildad", Marta Arroyo, *elmundo.es: Especial Inmigrantes*, febrero de 2005, www.elmundo.es/especiales/2005/02/sociedad/inmigracion/gentecorriente/mariana.html

e Candidates should be aware that some audio used in the examination could contain words that are only used in some regions of Spain or Spanish America. Note how the Argentinian speaker talks of '*valija' (maleta), dulce de leche (dulce típico argentino)* and '*jamón ibérico*' *(jamón típico español)*. If possible, train yourself to hear a variety of accents and study vocabulary variations within the Hispanic world.

Task

Contesta las siguientes preguntas EN ESPAÑOL. En lo posible, debes utilizar tus propias palabras.

(1) ¿Por qué decidió Mariana marcharse de Argentina? (2)

(2) ¿Cómo pudo viajar? (1)

(3) ¿Cómo pudo pagar su curso? (1)

(4) ¿Por qué se quedó en la Universidad al terminar? (2)

(5) ¿Qué lección ha podido aprender Mariana de su estancia en España? (2)

(6) Explica la actitud de Mariana hacia su experiencia en España. (2)

Sample answer at grade A

(1) Porque quería continuar sus estudios ✔ y porque su papá es gallego. ✔ (2)

e Correct answer, including details.

(2) Usó su dinero ahorrado. ✔ (1)

e Correct meaning.

(3) Gracias a la ayuda de una compatriota. ✗ (0)

e Misunderstood.

(4) Porque vivía con una amiga ✔ y por los profesores. (1)

e Doesn't convey full idea of teachers being welcoming. 1 mark only.

(5) Que las cosas imprescindibles son pocas ✔ y entran en una maleta. ✔   (2)

e Correct meaning.

(6) Dice que ha tenido suerte ✔, y ha encontrado cosas buenas.   (1)

e Doesn't mention that she's also suffered. 1 mark only.

Total: 7 marks out of 10

Answers

(1)	Para continuar sus estudios/seguir estudiando en España	(1)
	porque tiene lazos familiares en Galicia.	(1)
(2)	Usó sus ahorros.	(1)
(3)	Le dieron una ayuda.	(1)
(4)	Porque una amiga generosa la invitó a vivir con ella.	(1)
	Porque los profesores eran muy amables/simpáticos/cálidos/cariñosos.	(1)
(5)	Que en la vida pocas cosas son esenciales	(1)
	y éstas pueden caber en una maleta.	(1)
(6)	Ella considera que ha tenido suerte	(1)
	pero que también ha sufrido.	(1)

Script 11 Monólogo El mundo del trabajo (OCR)

Reunión de "Ingeniería Sin Fronteras"

Mensaje de contestador automático:

Buenos días. Les habla la Señora Laurenzana Blanco. Les llamaba para confirmarles que nuestro grupo de la organización "Ingeniería Sin Fronteras" va a asistir a la reunión administrativa que ustedes realizarán el 5 de noviembre en Londres para finalizar sus preparativos del proyecto "Bolivia se industrializa".

Quisiera confirmar que irán 15 representantes de Madrid y de la Comunidad autónoma de Castilla-León, por lo que necesitarán alojamiento, de ser posible en el mismo hotel donde se realizará la reunión, ya que volverán al día siguiente.

¿Podrían llamarme al 00 34 913 55 42 09, por la mañana, cualquier día esta semana, para especificar el orden de los temas a debatirse y darnos la dirección? Tenemos entendido que los temas principales son la explotación del gas y el uso de los metales de la zona. Les agradezco su colaboración y espero su llamada. ¡Hasta pronto!

Task

Listen to the answerphone message and answer the following questions IN ENGLISH:

(15 marks)

(1) Institution where Sra. Laurenzana Blanco works:		(1)
(2) When and where the representatives plan to meet:		(2)
(3) Number of people attending and requirements:		(3)
(4) How long are they going to stay?		(1)
(5) What needs to be done next?		(6)
(6) What are the possible topics of the administrative meeting?		(2)

Answers

(1)	Engineers Without Borders in Spain.	(1)
(2)	5 November	(1)
	in London	(1)
(3)	15 representatives (from Madrid and Castilla-León)	(1)
	They need lodging,	(1)
	preferably in the hotel where the meeting will be held.	(1)
(4)	Only one day./They will leave the following day.	(1)
(5)	Ring 00 34 913 55 42 09	(1)
	in the morning	(1)
	any day	(1)
	this week	(1)
	in order to specify the order of topics	(1)
	and to give the address.	(1)
(6)	The exploitation of gas (in Bolivia) and	(1)
	the use of metals in the region.	(1)

AS Speaking

*I*n this section we will analyse samples of speaking tasks that are typical of each board at AS for teaching from 2008 onwards.

You should read the specification and mark schemes from the board that you are entered for, and obtain past or sample papers, where appropriate, in order to know what form the oral exam will take. This section will provide sample analysis for all boards, but take into account how each one assesses this skill, as it requires considerable research on your part.

Notes on assessment and types of task

These are the requirements and the types of task of the three boards:

AQA

There are two parts in the paper: Part 1 and Part 2 (divided into two sections). The duration of the exam is 35 minutes; this includes 20 minutes preparation time.

Part 1

Discussion based on a stimulus card: 5 minutes. The cards contain mainly visual material and questions in Spanish. You will have to choose one of two cards, and will be given 20 minutes to prepare to talk about it. You may make notes on the content of the card and refer to them during the examination.

Guidance as to what you will be asked will be given in the form of questions on the card.

Part 2

A **Prepared topic:** 3 minutes. You will give a brief presentation on a topic of your choice that you have studied as part of the AS course.

B **Unprepared topics:** 7 minutes. You will take part in a discussion with the examiner on two of the topics studied during the AS course.

Edexcel

There are two sections in the examination, with a total duration of 23–25 minutes (this includes 15 minutes of preparation time). You will be given a **card with a text**, and will have 15 minutes to prepare to talk about it with the examiner.

During the preparation period you may make notes relating to the stimulus passage; these notes may be referred to during the examination.

The card contains a short text in Spanish (of 70–90 words).

In **Section A** you will be asked four questions:
- the first two questions will refer to the content of the passage
- the following two questions will require opinions on and reactions to the stimulus

In **Section B** the conversation will continue, moving away from the content of the stimulus; it will, however, remain within the same broad topic area, including its linked sub-topics.

OCR

There are two sections in the examination, with a total duration of 34–36 minutes (this includes 20 minutes preparation time).

Section A: 5–6 minutes. This consists of a **role-play** based on a **stimulus in English** and instructions in English and Spanish. You will be given one card with a stimulus of up to 150 words, and will have 20 minutes to prepare to talk about it.

Section B: 9–10 minutes. You will be required to outline your interest in a sub-topic of your choice and discuss it. The sub-topic should be related to aspects of the society or culture of a Spanish-speaking country or community.

You may take into the examination room illustrative material or notes not exceeding one page of A4.

Pointers for a good performance

In order to perform well with any board you should show the following in your answers:
- Demonstrate fluency by using, for example, whole sentences rather than one-word answers to the questions posed by the examiner
- Try to avoid long pauses. This affects your concentration and the flow of the conversation, and is penalised.
- Demonstrate that you have studied the topics set, and especially that you can link them to Spain and/or Spanish America where required. This is particularly relevant when there are cultural contrasts with your own country; for example, the attitude in different countries towards divorce or abortion.
- Use a range of structures and vocabulary appropriate to an AS student. For example, instead of saying: *Me gusta que los chicos podemos hacer más cosas,* you can use more specific vocabulary and a more formal register and say: *Me parece bien que los chicos podamos realizar más actividades que antes.*
- Demonstrate that you can engage in an unscripted conversation with another speaker. For this you need to think on your feet and respond to the opinions of your interlocutor, and if necessary challenge them.
- Be well prepared to give your presentation (AQA and OCR). Try, however, not to memorise it word for word, but rather keep it natural and be ready to paraphrase if the occasion requires it.

Note on the analysis

Please note that the sample oral transcripts given below cannot give all the evidence that the examiner needs to assess performance. It is possible to comment here on the quality of the candidate's language and the extent of his/her knowledge of the topic; however, features of the spoken response that are heard by the examiners when listening to the recording of the performance, such as fluency, hesitation, accent, intonation, cannot be commented on here.

AQA

Included in this section are two examples of speaking exercise cards typical of AQA Unit 2. You will have 20 minutes to prepare one card that you select out of two like these. You are not allowed the use of a dictionary during the preparation or the test.

Part 1 Discussion based on a stimulus card (5 minutes)

Card A   COMMUNICATION TECHNOLOGY

Los juegos de consola
¿Con quién estás jugando?

Preguntas
- ¿De qué trata esta tarjeta?
- ¿Qué hace el niño en el centro?
- ¿Realmente se relacionan los jugadores entre ellos?
- ¿Qué es lo negativo de las consolas como Playstation?
- En tu opinión, ¿es mejor jugar con una consola o al aire libre con tus amigos? ¿Por qué?

Examinadora: ¿De qué trata esta tarjeta?

Candidato: Bueno... eh... es de un niño que juega con un *Playstation*. Es un juego en... no sé cómo se dice en español, un juego...

Examinadora: ... un juego en red. ¡Exacto! Y ¿qué hace el niño en el centro?

Candidato: Juega con otros chicos, porque hay... cables... que conectan su ordenador con otros ordenadores, como con un* otro chico, y otros.

Examinadora: ¿Realmente se relacionan los jugadores entre ellos?

Candidato: Bueno, sí, se relacionan un poco. Muchos ordenadores tienen

Examinadora:	micrófonos y… y los chicos pueden hablar y eso. Entonces se relacionan, pero lo más importante es el juego, no es hablar.
Examinadora:	¿Qué es lo negativo de las consolas como *Playstation*?
Candidato:	*(hesitation)* Eh… creo que es muy negativo que, como decía, no se comunican las personas y… *(long pause)*
Examinadora:	*(helping)*… y los chicos, ¿pasan mucho tiempo así?
Candidato:	Sí, mucho. A veces es demasiado. No salen con otros chicos. No hacen ejercicio físico, porque están en su dormitorio, jugando, toda la tarde, ¿no? Y eso no es bueno.
Examinadora:	En tu opinión, ¿es mejor jugar con una consola o al aire libre tus amigos?
Candidato:	Me parece que está bien, pero no todos los días.
Examinadora:	¿Por qué?
Candidato:	Porque todos los días no es bueno para la salud. Después me duele la cabeza, o me hace mal a… los ojos. Nosotros* nos gusta jugar con los ordenadores, pero creo que también es importante y… es más divertido jugar al fútbol, o salir y jugar con varios amigos. No sé si es mejor, pero me gusta más hacer deportes. Ahora también hay juegos en el ordenador con los deportes.
Examinadora:	¿Ah, sí? ¿Y te gustan?
Candidato:	Sí, me parecen muy divertidos, especialmente los deportes como el… boxing*, que no puedo practicar en realidad. Pero prefiero el fútbol.
Examinadora:	Entiendo. Bueno, muchas gracias.

e Analysis of performance at grade A

A very good performance at this level. The candidate understands the questions, and he answers them intelligibly. The responses are satisfactory but not very developed. In response to question 5, it is not clear which of the alternatives he is referring to. The candidate's language is highly accurate for this level (the few errors are asterisked): structures are sound throughout, although exclusively in the present tense; lexically there is not a great deal of variety but the vocabulary used is appropriate to the task.

Part 2A **Prepared topic (3 minutes)**

For this board you will make a 3-minute presentation on a topic of your choice, which will then be developed into a conversation with the examiner on the topic and issues arising from it. The following is a sample presentation only.

Examinadora:	Bien, ¿de qué tema te gustaría hablar?
Candidato:	Bueno, yo quisiera hablar de la familia y las relaciones personales. Hoy en día la familia está* muy distinta a como fue* antes, porque ahora no es tan tradicional. Ahora la mujer no "debe" estar en la casa y… tomar cuidado* de los hijos. Ahora ella también puede trabajar, que es muy

bueno, tiene oportunidades, pero en muchos casos tiene que trabajar, porque el dinero a veces no es suficiente si sólo trabaje* el padre. La consecuencia es que muchos hijos no ven a sus padres en todo el día. Creo que es malo*, pero es necesario. Creo que es importante que los parientes* pasan* tiempo con los hijos. Por suerte, he leído que ahora está* una nueva tendencia: muchos papás o mamás deciden trabajar tiempo parcial o desde la casa, pero esto es posible especialmente a* las ciudades, donde hay trabajos así. Una* otra diferencia es que ahora hay más divorcios que antes, incluyendo* en España e Hispanoamérica. La gente piensa que los españoles, por ejemplo, no pueden divorciar*, porque son católicos o... eso. Es que la sociedad hispana no acepta mucho el divorcio, pero en realidad los* leyes son muy fáciles* para divorciar*, y muchos no se casan por la iglesia. Entonces, hoy en día, los hijos de los parientes* divorciados viven sólo con su papá o mamá, y muchas veces ellos se casan... otra vez, y entonces tienen otra familia, y hermanastros. Eso no es malo, porque es bueno tener una familia completa, en mi opinión.

Finalmente, creo que es muy importante cuidar la familia y las relaciones. Dicen que la familia del siglo... décimo*... de este siglo, está desapareciendo, y que son más importantes los amigos. Yo creo que no es así, que simplemente han cambiado los roles de los parientes* y de los hijos. Creo que la sociedad debe ayudar a la familia, por ejemplo, que los trabajos tienen que permitir traer a los hijos, o pasar más tiempo en la casa, porque así se fuerte* la familia, y eso es bueno para el futuro.

Examinadora: Muy interesante. Muchas gracias.

e Analysis of performance at grade B

A mixed performance, good in content but patchy linguistically. A good presentation should be much more accurate than this one. There is no particular pattern to the errors but some are typical at this level, e.g. the confusion between *hay* and *estar*, *otro* preceded by "un", use of the wrong past tense, the wrong gender of *ley*, muddling of present subjunctive and present indicative; there is also inconsistency in the use of the reflexive pronoun (the candidate knows *casarse* but not *divorciarse*). More positively, there are some some good idiomatic phrases, which are free from error: *Es que la sociedad hispana no acepta mucho el divorcio, los trabajos tienen que permitir traer a los hijos...* and the idiomatic *casarse por la iglesia*.

Basic lexical errors lead to problems of communication, e.g. the use of *parientes* (it is unusual to use *parientes* instead of *padres* but to know *hermanastros*); in *siglo... décimo* and *porque así se fuerte la familia* communication breaks down altogether.

The content of the presentation is altogether more convincing. The candidate expresses a strong point of view, and links ideas to each other fairly well, with no digression from the chosen topic. The arguments come thick and fast (modern family is different → woman/mother works → absentee parents → more/easier divorce nowadays, even in Hispanic countries → more re-marriage, step-brothers/-sisters → need for caring → stronger role of state? → importance of family unity → children should be allowed in workplace), giving the examiner plenty of "ammunition" for the rest of the oral. The Hispanic reference shows an awareness of the culture of the target language countries, but is not absolutely necessary in the AS oral.

Part 1 Discussion based on a stimulus card (3 minutes)

Card B   **HEALTH AND WELL-BEING**

PIENSA, ¿QUIÉN MANEJA TU VIDA?

¡SI MANEJAS, NO BEBAS!

A

¿Ya designaste al chofer para la vuelta? ¡Ahora sí puedes divertirte!

Preguntas

- ¿De qué trata esta tarjeta?
- Según los gráficos, ¿qué hace a los jóvenes beber demasiado?
- ¿Cómo se pueden disminuir los efectos del alcohol, según el póster?
- Beber y conducir, ¿es un problema grave en la sociedad de hoy?
- ¿Crees que esta causa de accidentes puede eliminarse?

Nota: manejar (HA) = conducir

e Candidates should be aware that certain verbs used in some stimuli can apply more to one country than to another. Note that in the 'póster' there is a play on the word 'manejar' (*¿quién maneja tu vida?* = *who controls your life?*; *si manejas, no bebas* = *if you drive, don't drink!*). This is because the advert is from Mexico, and the verbs used to translate 'to drive' in the whole of Spanish America are 'manejar' and 'conducir'. Only 'conducir' is used in Spain in this context. Similarly, the word 'tomar' is used in Spanish America in the sense of 'beber'.

Try to read a variety of texts and see the differences in use.

Examinador:	¿De qué trata esta tarjeta?
Candidata:	Pues es un póster que dice a la gente que bebe* alcohol con moderación. Hay cuatro situaciones, y en todas la gente están* divirtiendo* y bebiendo. También hay consejos para limitar los problemas de la... borracho* cuando salen con los amigos.
Examinador:	Según los gráficos, ¿qué hace a los jóvenes beber demasiado?
Candidata:	Bueno... creo que es la presión de los... amigos. En el primer dibujo, por ejemplo, los amigos están riendo* del amigo que... conduzco*, y que no puede beber. Igual en el segundo, un hombre insiste a un* otro que bebe* más. La gente pueden* ser un... mal* influencia, pero el mensaje... es que tienes que pensar y no... peligrar* tu salud y seguridad, ni la salud y seguridad de los otros.
Examinador:	¿Cómo se pueden disminuir los efectos del alcohol, según el póster?
Candidata:	Si acompañamos* con la bebida, el alcohol no va a tener tanto efecto. Esto es más común en México y en España que aquí. Ellos toman tapas, y así no ponen borrachos* tanto. También dice el póster que no deben mezclar las bebidas, que te mata*.
Examinador:	Beber y conducir, ¿es un problema grave en la sociedad de hoy?
Candidata:	Claro que sí. Hay muchos accidentes en la carretera causadas* por el alcohol, sobre todo los fines de semanas*. Los jóvenes no realizan* esto. Van al bar y se sienten con... eh, confidencia*... y para volver a casa van en coche o en moto y sabemos las consecuencias.
Examinador:	¿Crees que esta causa de accidentes puede eliminarse?

Candidata: Eliminarse por completo no. Siempre hay estúpidos*. Pero creo que nuestra generación tiene más conciencia del problema. La situación del primer gráfico es bastante común. Cuando salimos en grupo, decidimos antes quien va a conduzco*, y esta persona no bebe. Si conduciría* yo, no tomaría nada alcohólico, como una cerveza. En las ciudades grandes no hay tanta* problema porque están* autobuses que pasan toda la noche. Pero en el campo o en los pueblos pequeños, es diferente. Hay que coger el coche.

Examinador: Bueno, ha sido muy interesante. Muchas gracias.

Part 2B Unprepared topic (7 minutes)

Your 3-minute presentation on a topic will then normally be developed into a conversation with the examiner on the topic and issues arising from it. This particular candidate chose to speak about *La televisión y los jóvenes*. The following is a sample conversation that arises from that presentation.

Examinador: Tu presentación sobre la televisión ha sido muy interesante. Además de la televisión, ¿tú crees que los teléfonos móviles tienen mucha influencia hoy?

Candidata: ¡Absolutamente! Los teléfonos móviles están* como un símbolo de los jóvenes de hoy. Creo que han cambiado completamente la forma de comunicar*. Ahora es posible ser* en contacto en todo momento con los amigos y la familia.

Examinador: ¿Y tú ves esto como una ventaja o una desventaja?

Candidata: Eh... ¿una venta...?

Examinador: Me refiero a si es algo positivo o negativo.

Candidata: ¡Ah! Bueno, es algo muy positivo, porque los parientes* pueden localizarte, y si tienes una emergencia, puedes llamar a alguno*, por ejemplo si no estés* segura en la calle, llamas a una amiga... o eso. Pero es una des... es negativo si abuses* de él, porque hay gente que prefiere llamar por teléfono en el restaurante, por ejemplo, y no paga* atención a sus amigos.

Examinador: De acuerdo. ¿Y qué te parece el uso de Internet?

Candidata: Bueno, Internet ha revolucionado nos* vidas. Por ejemplo, es posible estudiar con libros de todo el mundo, y leer... o ver cosas que antes no fueron* accesibles. Yo, por ejemplo, estudio para mis clases de historia con Internet, y a veces pregunto cosas en un forum*.

Examinador: ¿Pero no hay riesgos también?

Candidata: *(hesitation)*... Sí, a veces los chicos entran a sitios que no son apropiados, y hay mucha... pornografía. Lamentablemente, están* muchos casos de... pervertidos que contactan a chicos por Internet. Creo que es necesario el control de los parientes*, con sistemas de... monitor... no sé cómo se dice.

Examinador: De monitoreo. Claro. ¿Y qué piensas de los correos electrónicos?

Candidata: Yo creo que son una moda que van* a desaparecer, porque nosotros ya no usamos tanto eso. Ahora mandamos mensajes SMS o vamos a sitios interactivos, ¿no?... Es posible que es* más bueno* para el trabajo, pero mi padre dice que la gente abusa de los correos electrónicos.

Examinador: Bien, hablemos de la moda. Aparte de los móviles e Internet, ¿crees que tu generación sigue una moda diferente a la de tus padres o la gente mayor?

Candidata: Sí. Creo que somos una generación... un poco obsesiva con los... eh... *(long pause)* ¿Cómo se dice "gadgets" en español?

Examinador: Se dice "aparatos".

Candidata: ¡Ah! Gracias. Con los aparatos... ¡Ah! Y ahora es muy importante la imagen física.

Examinador: Como siempre, ¿no? ¿Crees que la imagen define a los jóvenes de hoy?

Candidata: ¡Totalmente! Por ejemplo, ahora no sólo las chicas se... cambian el color de pelo, pero* también los chicos. Ellos ahora usan ropa de marca que es muy cara, y tienen cuidado de* su imagen. Los llaman "metro-sexuales".

Examinador: ¿A qué se refiere esa expresión?

Candidata: Eh... es porque los chicos no tienen miedo de cuidar su cuerpo. Van mucho al gym* y... eso. O sea, cuidan* mucho más.

Examinador: ¿Y tú crees que esa imagen determina la personalidad?

Candidata: Bueno, eh... un poco sí. Por ejemplo, si ves a un chico que se cuida mucho, ¿no? Bueno, los otros piensan que sea* muy moderno, y que tiene más... eh... suc... popular* con las chicas. En cambio, uno que no se cuida... es impopular*.

Examinador: ¿Y tú te cuidas mucho?

Candidata: Yo, bastante. Como comida saludable, voy al gym*. Pero no sigo mucho la moda. Sí compro un poco de ropa de moda, para las fiestas. Me gusta estar elegante por* mis amigos, pero mis padres dicen que no debo pretender* ser otra persona.

Examinador: Muy bien. Realmente muy interesante lo que me has contado. Muchas gracias.

Candidata: Muchas gracias a usted.

e Analysis of performance at grade C

The discussion of the card is a lively conversation in which the candidate answers all the questions directly and well, developing the answers to a reasonable degree, and showing very good understanding. Questions 1–3 ask for detail from the stimulus and questions 4 and 5 for the candidate's opinion on the issues which arise. The answers show a good engagement with the topic of drink. The response is, however, marred by frequent linguistic errors, relating mainly to the handling of the forms of verbs: basic errors like the use of a plural after *gente* and the confusion of *hay* and *estar* accompany more sophisticated ones such as missed subjunctives (... *dice a la gente que bebe, Si conduciría yo, no tomaría nada alcohólico);* reflexive pronouns are often omitted. One or two very simple errors of agreement, such as *mal influencia* and *tanta problema,* reinforce the impression of a candidate who is better prepared conceptually than linguistically. As a consequence the candidate gains only an average mark.

In the conversation about unprepared topics the candidate also performs quite well, but the performance is marred by deficiencies in vocabulary and grammatical errors. The examiner steers the conversation along predictable lines; the candidate understands the questions well and is able to respond with sensible answers. Some ideas are quite sophisticated such as *Los teléfonos móviles están como un símbolo de los jóvenes de hoy. Y ahora es muy importante la imagen física;* in *Bueno, Internet ha revolucionado nos vidas,* a good opening rejoinder is spoiled by a very basic error. The candidate shows evidence of a lack of understanding of the use of the subjunctive: it is used incorrectly after *pensar* and *si* followed by the present tense, and it is not used after *es posible que. Ser, estar* and *hay* are confused, as are *pero* and *sino.* Occasionally the candidate, unable to find the correct Spanish word, substitutes an English one (e.g. 'gym', 'forum').

Although the candidate shows some misunderstanding and hasn't acquired all the vocabulary that she needs to speak confidently about the topic, on the whole a good level of dialogue is maintained. Marks for quality of language are therefore a good deal lower than those for response and knowledge and understanding of the topic.

Edexcel

The following are two cards with sample stimulus texts in Spanish, of the type which constitute Section A of the AS Speaking exam with Edexcel, and performances based on them.

You will have 15 minutes to prepare to talk about the stimulus text, during which time you may make notes that you can refer to during the examination. You will not be allowed to use a dictionary. You will then have 4-5 minutes to answer four questions asked by the examiner, after which he/she will extend the conversation to sub-topics within the same broad topic area. This constitutes Section B of the exam.

Note: the four questions below the card are available to the examiner only.

Section A: Discussion of a stimulus text in Spanish

Card 1   **YOUTH CULTURE AND CONCERNS**

Los jóvenes y la lectura

Según un estudio, los españoles que leen al menos una o dos veces por semana constituyen el 41% del total de los mayores de 14 años, porcentaje que entre las mujeres es del 42,2% y entre los hombres es del 39,4%. El perfil del lector español es de una persona joven, mujer, con estudios universitarios, de gran ciudad y que lee mayoritariamente novela.

Este año, los lectores frecuentes son personas de entre 25 y 34 años, en contraste con el año pasado, cuando caían entre 14 y 24 años.

Adaptado de "Un 46% de los españoles no lee libros nunca o casi nunca", *El País*, 27 de abril de 2006

Examiner's card

Preguntas

1   Según el artículo, ¿quiénes leen más en España?
2   ¿Qué cambio se ha observado en los hábitos de lectura de los jóvenes españoles?
3   ¿Por qué crees que hay más chicas lectoras que chicos?
4   ¿Crees que en el futuro los jóvenes leerán más o menos que ahora? ¿Por qué?

Examinadora: Según el artículo, ¿quiénes leen más en España?

Candidata: El artículo dice que casi la mitad, bueno... un 41% de los españoles* lee una o dos veces por semana. Los que más leen son las chicas, y especialmente... las que estudian a* la universidad, y que viven en gran* ciudades. Dice que leen novelas principalmente.

Examinadora: ¿Qué cambio se ha observado en los hábitos de lectura de los jóvenes españoles?

Candidata: Que el año pasado los que más leían estaban* los jóvenes de 14 a 24 años, y ahora son los jóvenes que son* entre 25 y 34 años. Es decir que ahora leen más los mayores. Es posible que es* la igual gente, ¿no? O que está* una generación de lectores jóvenes mejores que continúa.

Examinadora: Puede ser, y ¿por qué crees que hay más chicas lectoras que chicos?

Candidata: No son muchas más, sólo tres... porcentaje* más, pero me parece que es porque... las chicas prefieren hacer actividades más... intelectual*, ¿no? y a los chicos les gusta hacer más actividades físicas, como... el deporte*. Creo que es verdad, porque mis amigos chicos no leen tanto como mis amigas chicas. A ellos también... gusta* más la televisión.

Examinadora: ¿Crees que en el futuro los jóvenes leerán más o menos que ahora?

Candidata: Eh... la verdad... no sé muy bien... *(long pause, hesitating)* pero me parece que más...

Examinadora: ¿Por qué te parece que más? *(helping)* ¿Hay algo que los ayude?

Candidata: Bueno, eh... sí, me parece que leeremos más... pero leeremos un poco más en Internet que los libros, ¿no? Ahora es posible... downl... tomar... libros de Internet, y leer en el ordenador. También es más barato. También está* práctico, porque puedes leer lo que querías*, o escuchar un libro en audio, o leer los periódicos y todo eso... y ... es gratis... bueno, casi siempre es gratis. Es decir, que vamos a leer más de Internet, o tomar más libros gratis... pero creo que los libros nunca van a desaparecerse*, porque son muy tradicionales y no necesitan electricidad, y hay muchos distintos.

Section B: Conversation within a broader topic

Examinadora: Bien, tú mencionas Internet, que es un instrumento que utilizan mucho los jóvenes. ¿Te parece que los móviles son también importantes para los jóvenes?

Candidata:	Ehm... sí, son muy importantes.
Examinadora:	¿Y por qué piensas que son importantes?
Candidata:	Bueno... por* las emergencies*, por* avisar a los padres que hay problemas. Pero también porque ahora nosotros podiamos* enviar mensajes de texto.
Examinadora:	¿Y prefieres enviar mensajes de texto o hablar?
Candidata:	Bueno, yo... personalmente... prefiero enviar textos. Es una forma más barata de comunicar* con mis amigos. Es más* divertido, también, porque podiamos* enviar gráficos también, o fotos, o películas. Es barato y todos [*] comunican mucho más.... También es bueno hablar. Yo hablo con mi mayor* amiga todos los días.
Examinadora:	¿Y cuánto tiempo hablas?
Candidata:	Más o menos ¿medio* hora?... Sí, es un poco caro. *(pause)* Mi padre dice que hace mal.
Examinadora:	¿Y por qué lo dice?
Candidata:	Dice que es más* mejor visitar a la gente, y que no es saludable usar todo el tiempo el teléfono móvil. Que podía* provocar enfermedades.
Examinadora:	¿Y tú estás de acuerdo?
Candidata:	No, yo creo que no sea* comprobado que hay cáncer del móvil.
Examinadora:	Dime, hablando de los jóvenes y la salud, ¿tú que opinas de los jóvenes que consumen drogas?
Candidata:	Bueno, me parece terrible. *(long pause)*
Examinadora:	¿Por qué crees que lo hacen?
Candidata:	Sí, muchos jóvenes consumen drogas porque ahora tienen mucho más acceso que tenían*. Antes era diferente. Antes los jóvenes fumaban más, por ejemplo, pero ahora quizá* ninguno fuma... ahora está la droga, y muchas veces los... ¿pares?... te insisten para probar la droga.
Examinadora:	¿Y cómo crees que se puede solucionar este problema?
Candidata:	Mmmmm... no sé si tiene solución. Los jóvenes necesitan experiencias nuevas, y se* gusta romper los* leyes, por eso siempre buscan algo como drogas... eh... ¡Ah! Creo que es importante informar a los jóvenes [*] los efectos.
Examinadora:	¿Y cómo harías tú eso? ¿Por medio de Internet?
Candidata:	Sí, exacto. Y en la televisión. Me recuerdo* que cuando veí* la película "Trainspotting" había* mucho shock, porque mostró* los efectos terribles de la droga...
Examinadora:	Me parece una buena idea. ¿Y qué harías con el problema de los amigos que insisten?
Candidata:	*(long pause)* Eh... no sé... diría a los jóvenes de ser fuertes.
Examinadora:	Muy bien. Muchas gracias. Muy interesante.

Analysis of performance at grade C

In Section A, the candidate answered all four questions, with varying success, but in the course of the dialogue she has some good points to make about reading habits. The misunderstanding of the first point suggests that the candidate has not used her reading time prior to the oral profitably. For the fourth (opinion) question, the candidate flounders at first, but recovers quite well. Overall, she fails to build the response logically. The continuation conversation gives a similar impression of a candidate who has some ideas but is lacking in the means to express them convincingly.

In language, it can be seen that the candidate has failed to grasp securely the difference between *ser, estar* and *hay;* she is also inconsistent in the use of *gustar*, producing, in answer to question 3 on the stimulus text, first a correct construction and then a flawed one (omitting *les*); this construction is also incorrectly used in the continuation conversation; at this level the candidate should have known that the subjunctive is used after *es posible que* and *lo que*. Other errors (*a* for *en*, *gran* for *grandes*, confusion of *por* and *para*, lack of feel for reflexive verbs, *porcentaje* for *por ciento*, etc.) point to a candidate who is wanting in some basic areas of language.

Section A: Discussion of a stimulus text in Spanish

Card 2 **THE WORLD AROUND US**

Un sur irreconocible

El invierno pasado viajé al verdadero "fin del mundo", la isla Tierra del Fuego, en el extremo sur de Sudamérica. Como viajé en julio, que es pleno invierno en el hemisferio sur, me preparé para sobrevivir vientos antárticos y temperaturas de −30°.

Sin embargo, llegué a Ushuaia, capital de la parte argentina, y me encontré con que ¡hacía no menos de 5° bajo cero! Durante una excursión nos explicaron que el calentamiento global está provocando que los hielos continentales y los glaciares se derritan mucho más rápidamente. ¡Actuemos pronto!

> **Examiner's card**
>
> **Preguntas**
> 1 Según el autor, ¿qué esperaba encontrar en su viaje?
> 2 ¿Qué explicación le dieron para el clima que encontró?
> 3 ¿Por qué crees que hay tanto calentamiento global?
> 4 ¿Qué podríamos hacer para ayudar a regiones como la que visitó el autor?

Examinador: Según el autor, ¿qué esperaba vivir en su viaje?

Candidato: Bueno, él esperaba tener mucho frío, porque viajó a la* Tierra del Fuego, que es* en el sur de Sudamérica.

Examinador: ¿Por qué esperaba tener frío?

Candidato: Él esperaba tener frío porque fue en julio, y allá es invierno en ese tiempo* del año, en el hemisferio sur. Él fue a Ushuaia... no sé si se pronuncia así...

Examinador: Sí, creo que es la pronunciación correcta. ¿Y con qué clima se encontró?

Candidato: Bueno... él esperaba encontrar menos 30... ¿grados cel... centígrados?... pero [*] encontró con 5 bajo cero solamente.

Examinador: ¿Y qué explicación le dieron para el clima que encontró?

Candidato: Que hay mucho calentamiento global, y que ahora está cambiando mucho... que el hielo [*] está derritan*... derritiendo* mucho más rápido, por ejemplo los glaciares, y eso también cambia mucho la vida de los animales de allá.

Examinador: ¿Por qué crees que hay tanto calentamiento global?

Candidato: Eh... bueno, creo que sea* porque hay mucho turismo, especialmente. Por ejemplo, el autor, no sé si él viajaba* en avión. Los aviones polucionan* mucho la atmosfera*, emiten muchos gases. Es* muy mal...

Examinador: Dime, y ¿qué podríamos hacer para ayudar a regiones como la que visitó el autor?

Candidato: Bueno, primero, es importante limitar el turismo... mostrar a todo el mundo las consecuencias de usar muchos combustibles y el efecto inviernadero* en esta zona... y también... ¿se dice "concienciar"?... al público.

Examinador: Sí, y en Hispanoamérica también se dice "concientizar".

Section B: Conversation within a broader topic

Examinador: Y en general ¿qué temas te parecen más importantes para concienciar al público sobre el medio ambiente?

Candidato: Bueno, por ejemplo, reciclar, que es algo tan esencial, por ejemplo. Eso a nivel personal, pero el gobierno tiene que hacer más leyes para proteger el medio ambiente. También usar menos el transporte privado, y más el público.

Examinador: Estoy totalmente de acuerdo, ¿pero crees que no hay que hacer más turismo, así no contaminamos más el medio ambiente?

Candidato: No… no digo que no hay* turismo, pero un poco menos, porque hay turismo masivo, y eso es malo, porque poluciona*.

Examinador: ¿Tú haces mucho turismo?

Candidato: Sí, vamos con mi familia al sur de España todos los veranos. ¡Es fantástico! Sí, pero usamos el avión barato, y no es bueno.

Examinador: Bien, pero aparte del medio ambiente, dime, ¿por qué dices que es fantástico?

Candidato: Bueno, porque hace mucho sol todo el tiempo, y vamos a la playa. Pero a mí también me gusta porque vamos a una zona donde no hay muchos turistas extranjeros, y entonces vivimos con los españoles. También viajamos a lugares históricos.

Examinador: ¿Y cómo viajan? ¿En coche?

Candidato: No, en tren, principalmente. A mis padres se* encanta usar* el "a uve e*", que es un tren de alta velocidad. Mi padre es ingeniero y dice que es fantástico. Por ejemplo, es posible ir de Sevilla a Madrid y volver en el día.

Examinador: ¿Y ofrece un buen servicio?

Candidato: ¡Excelente! Por ejemplo, si llega más de 5 minutos tarde, … eh… ¡dan otra vez* el dinero completo*! Aquí no pasa eso. También podemos mandar el equipaje desde el centro de Madrid hasta Londres…

Examinador: ¿O sea que se puede facturar antes de llegar al aeropuerto?

Candidato: Sí, si uno toma el* transferencia al aeropuerto en tren, es posible… hacer "check in" en la estación central.

Examinador: Realmente es muy bueno. ¿Y sólo los trenes funcionan bien?

Candidato: No, yo creo que todo el turismo en España está muy bien organizado. Por ejemplo, siempre hay transporte bueno y barato, a veces con trenes y a veces con autobuses, inclusive con… ferries* para ir a las islas. También*, es una industria sin humo. Es muy bueno.

Examinador: Verdad que así es. Muchas gracias.

Candidato: Gracias.

Analysis of performance at grade A

This is a very good performance overall, especially in content. In Section A the candidate understands the examiner's questions clearly and answers them in a lively fashion. In Section B he reveals a broader knowledge of environmental themes and shows that he has made good use of the many trips to Spain, both in terms of knowledge of tourism there and in fluency of language (despite some awkwardness of expression). Knowledge of the appropriate lexis for the environmental topic is good, although there are slips, notably *polucionan* — used in both parts of the examination — and *inviernadero*. *Contaminar* is, however, used correctly. Elsewhere, *ser* and *estar* are confused, a subjunctive is used incorrectly after *creer* in the affirmative, but not used after *no digo que*, and the reflexive pronoun is missed on two occasions.

OCR

Section A: Role-play based on a stimulus in English (5-6 minutes)

The following is a sample role-play situation and performance, which constitutes Section A of an AS Speaking exam with OCR.

You will be given 20 minutes to prepare what you will say, without using the dictionary. You will then need to guide the examiner through the role-play, according to the instructions.

The following **note to the candidate** is at the top of your preparation sheet:

You should begin the task by asking the two questions. The task can then be completed in the order you prefer. You should base your replies on the English text, but sometimes you will need to use your imagination and initiative to react to the examiner's questions and comments.

Consequently, make sure you:
- have got key words to explain clearly what to do
- follow the information and have an opinion about it
- take into account cultural, national or age characteristics: in the situation below, for example, if any of the people are 'mayores' and/or have any walking impediment, you will be required to clarify that descending the cliffs and doing the walk are not recommended
- try to be brief

Situación
Trabajas en la oficina de turismo en Aberdeen, Escocia. Un grupo de varios matrimonios que vienen de España están interesados en conocer la cultura escocesa de la región y te piden información.

Tarea
Tienes un folleto sobre el castillo Dunnottar, en la costa este de Escocia. Tienes que explicarle al/a la representante del grupo de matrimonios lo que ofrece este sitio, y convencerlo/a de las ventajas de visitarlo.
Primero debes preguntar:
- **el número y las edades de las personas en el grupo**
- **los intereses principales que tienen sus integrantes**

Tienes que explicarle al/a la representante:
- dónde se encuentra Dunnottar
- lo que tiene de interés especial
- las actividades más sobresalientes
- los mejores horarios para aprovechar la visita

También se hablará de:
- tus recomendaciones para un plan de visita
- tus ideas y opiniones sobre los sitios históricos

SCOTTISH HISTORY AND CULTURE

Experience Scottish history at its most dramatic at Dunnottar Castle, 15 miles from Aberdeen.

History: linked with William 'Braveheart' Wallace, Mary Queen of Scots and the Covenanters, Dunnottar guarded our Crown Jewels, the 'Honours of Scotland', and was Hamlet's castle in Mel Gibson's film!
- Guided tours: daily at 10.30 a.m. and at 3.00 p.m.

Music and dance: home to the Earls Marischal of Scotland, Dunnottar was in charge of ceremonial activities of the Scottish Court.
- Period dances and music: from Easter weekend to October at 1.00 p.m. Saturdays.
- Scottish Ceilidh: Saturday evenings. All welcome!

Nature: descend the steep staircase and walk on the beach by the imposing cliffs. Follow the 'nature trail' to Stonehaven.
- A walk with stories of the Mearns by our famous Lewis Grassic Gibbon every Saturday at 2 p.m.

Food and drink: enjoy our traditional Scottish cuisine at the Mains Buttery.

Examinadora:	¡Buenos días! Estoy aquí con un grupo de matrimonios españoles que quieren conocer la cultura escocesa. ¿Puede decirme qué hay de interés en la región?
Candidata:	Sí, claro. Pero primero quisiera saber algo del grupo. ¿Cuántas personas hay, y cuántos años tienen, más o menos?
Examinadora:	Pues, es un grupo muy variado. Hay quince parejas, es decir treinta personas. En su mayoría, es gente de mediana edad, de 45 años, pero los hay más jóvenes, y una pareja es bastante mayor, de setenta años.
Candidata:	¿Sabe qué se* interesa a las personas del grupo?

Examinadora:	¡Son bastante aventureros! A casi todos les gusta caminar. Y han venido aquí porque les fascina todo lo escocés, es decir la historia, literatura, música, paisaje.
Candidata:	En este caso yo recomendaría que visitan* el castillo Dunnottar. Está bastante cerca de aquí, más o menos [*] quince kilómetros. Es antiguo y ha sido muy importante en la historia de Escocia. Por ejemplo, allí estaban las... joyas de los reyes de Escocia, que se llamaban "The Honour of Scotland", o "El Honor de Escocia". También está conectado con Mary Queen of Scots, que fue una reina importante. Eh... También fue... usado para Braveheart... eh Corazón... bueno... ¿la película por William Wallace? Y también para la película "Hamlet" de Mel Gibson. ¡Hay mucho para ver!
Examinadora:	¡Qué bueno! Si llevo al grupo allí ¿qué podríamos hacer?
Candidata:	Hay visitas al castillo todos los días desde Pacua* hasta octubre, y los sábados hay baile y música. Si les guste*, pueden participar en un "ceilidh", que es un baile tradicional escocés.
Examinadora:	¿Cuál es el mejor día para hacer una visita?
Candidata:	Creo que el sábado es preferible. Si salen por la mañana, pueden hacer la visita guiada a las diez y media, luego tomar comida típica en el "Buttery", y a la una ir a la... música y baile del período... eh... antigua*. Después, si tienen más energía, pueden... bailar los bailes escoceses en el "ceilidh" o bajar las... rocas por la larga escalera para pasear en la playa. Desde allí hay un... carretera* natural que va a Stonehaven.
Examinadora:	¿Este paseo sería para todos los participantes?
Candidata:	Para los mayores no. Las escaleras son muy... verticales*... y está peligroso. Yo aconsejo que ellos están* en el castillo, y luego bajan* en el autobús a Stonehaven para reunirse.
Examinadora:	¿Usted de verdad cree que será divertido e interesante?
Candidata:	Sí, es muy divertido. En Escocia tenemos muchos sitios de interés histórico, pero en mi opinión, éste es uno de los más interesantes. El gobierno hace mucho para promocionar... la cultura escocesa, y claro, es importante venir* muchos turistas para mantener estos monumentos, porque si no, desaparecen.
Examinadora:	Bueno, ha sido muy interesante todo esto. Muchísimas gracias por su ayuda.
Candidata:	De nada. ¡Hasta luego!

Section B: Discussion of a sub-topic (9–10 minutes)

The following is Section B of an AS Speaking exam with OCR, consisting of an outline and discussion of a sub-topic related to a Hispanic country.

The oral form the student brought in contained the following:

La comida mexicana

1 Visita a Cancún, en México, con mi familia.

2 Enchildas*, tacos, salsas, guacamole (no mole, aguacate, etc.) y tortillas de maís*.

3 Tequila (agave con gusano).

4 Mole poblano. Puebla. Ajo, cebolla, chocolate.

5 Influencia comida europea siglo XV (dícimo* quinto)*

Candidata: Yo quisiera hablar de la comida en México, porque he visitado ese país, y porque acá hay muchos restaurantes mexicanos, pero* algunos no son auténticos. Bueno... Antes pensaba que toda la comida de México era muy picante, o "enchilosa", como dicen ellos, pero allá descubrí que es muy rica y que no es tan picante, y ahora me encanta la comida mexicana, como las enchiladas y los tacos con todo tipo de salsas. Cuando fui a Cancún con mi familia, comimos el plato más tradicional de México: el mole poblano. Se llama así porque es de Puebla. Hay muchos tipos de mole, que son como salsas que comemos* con carnes, y que son muy elaborados y llevan muchos ingredientes. Por ejemplo, los ingredientes del mole poblano son chiles anchos y grandes, muchas especias, ajo, cebolla, y algo raro, ¡una barrita de chocolate! Ah, va muy bien con el pollo y el pavo, y es posible comprar* preparado, pero es mejor el de... casa. *(pause)*

Examinadora: ¡Qué rico! Dime, ¿y es posible comer otra comida en México, por ejemplo, comida vegetariana?

Candidata: Sí... sí. Me encanta comer el guacamole, que... pero no es un "mole", pero* que es una pasta de aguacate y otros ingredientes. Esto* es vegetariano. Y hay muchos otros platos vegetarianos. Comen mucho las tortillas, que son de maís* y muy... delgadas,... eh... no son... no de papas como la española.

Examinadora: ¿Y por qué es tan famosa la cocina de México, crees?

Candidata: Eh... Bueno, la comida de México es muy variada y famosa porque recibió muchas influencias de muchos países, y de muchas cocinas. Los aztecas preparaban el mole en el siglo dícimo* quinto* y... las especias... muchas especias trajeron* los españoles y los... religiosos...

Examinadora: Y dime, los mexicanos, ¿comen a la misma hora que la gente de tu país?

Candidata: Bueno, no. Para empezar, comen a distintas horas. El desayuno [*] comen bastante temprano por la mañana... especialmente si vivan* lejos del trabajo o de la escuela. El desayuno a veces es muy simple, sólo un café con tostadas. El al... almuerzo sí es importante, pero [*] mucha gente que no puede volver a casa para comer y come unos tacos o unas... eh... botas... botanas en la calle o en el bar. Las botanas son raciones de platos... como las tapas españolas.

Examinadora: La comida mexicana, ¿es muy similar a la comida española?

Candidata:	No, para nada. Para empezar, no es típica mediterránea, y no utilizo* tanto el óleo* de oliva como en la española. Usan ingredientes como el maís* y muchas especias local*. Y hay… eh… "stews"?
Examinadora:	Guisos.
Candidata:	Gracias… eh… guisos muy ricos también, pero las tradiciones locales son muy fuertes. Pero los mexicanos también conocen la comida española, como… la paella, y creo que les gusta. Creo que las dos cocinas son muy elaboradas y variadas; son similares por eso.
Examinadora:	¿Hay bebidas típicas mexicanas que conozcas?
Candidata:	Sí. Hay muchas bebidas, y son famosas. Por ejemplo, el tequila, que es muy fuerte, y que… es un licor destilado de una planta, el agave. Tiene mucho alcohol. *(pause)* ¡Y viene con un pequeño gusano en la botella!
Examinadora:	¿Un gusano? ¡No parece muy higiénico! ¿No te parece?
Candidata:	No, es que… este gusano vive en la planta del agave, y dicen que el tequila el* más auténtico ¡debe tener el gusano en la botella! No es tóxico.
Examinadora:	¡Ah! Finalmente, ¿me explicarías cómo preparar algo mexicano muy sencillo?
Candidata:	*(long pause)* Sí, claro. Eh… a ver… ah… a mí me gusta la "salsa verde". Eh… En una sartén ponga, sin aceite, ajos sin pelar, cebolla y jitomates verde* enteros, hasta que están*… bien… de color, ¿no? Después, usted ponga [*] enfriar y cortas* en… secciones… pequeñitos*, ponga especias… como orégano… y ponga todo en… una licuadora. Así prepare* una salsa verde, que es muy típica mexicana.
Examinadora:	La voy a probar. Muchas gracias.

🄴 Analysis of performance at grade A

A good response overall. In the role-play, the candidate deals briefly but competently with all aspects of the task. The examiner's questions are well understood and the candidate has absorbed the necessary information well enough to give satisfactory answers, playing her role as a member of the tourist office staff with confidence. The only significant flaw is to link the castle to the film and not the real William Wallace, and to attribute the direction of the film *Braveheart* to this historic character is a misunderstanding of the information on the leaflet.

The candidate is not familiar with the use of the subjunctive after *recomendar* and *aconsejar*. The construction with *interesarse*, in *¿Sabe qué se interesa a las personas del grupo?* is incorrect; similarly, in the anglicised *es importante venir muchos turistas…*, poor syntax affects communication.

In the discussion, the candidate starts by presenting the topic and explaining how it was chosen. She does not have to follow the order of the list of points, and in this case *mole poblano* is described at the beginning, rather than in the middle (point 4). You are strongly advised to organise the list of points according a logical sequence, in order to facilitate a coherent dialogue. In this case, it is noticeable that the examiner does not use the list to structure the dialogue. The candidate is certainly an able one, and can produce flawless and authentic-sounding Spanish, as in the paragraph: *Gracias... eh... guisos muy ricos también, pero las tradiciones locales son muy fuertes. Pero los mexicanos también conocen la comida española, como... la paella, y creo que les gusta. Creo que las dos cocinas son muy elaboradas y variadas; son similares por eso.* Elsewhere, however, the language is flawed, e.g. near the end as, presumably, the candidate is beginning to tire. Agreement, both of adjectives and singular/plural, are missed; the inclusion of the definite article in a superlative betrays French influence; the phrase *en el siglo dícimo quinto* suggests that the candidate needs to revise the use of cardinal and ordinal numbers in Spanish (she should have said 'siglo quince').

Despite some flaws in language, the candidate displays a very good knowledge of her topic and will be rewarded for that. The response is also lively and authentic, except where the candidate needs to ask for a word in Spanish, which, presumably, she has forgotten.

AS Reading

This section focuses on reading and includes ten texts at AS, with one or two tasks each. Half of them refer to Spanish and the other half to Spanish-American topics. As well as the **answers** (i.e. the marking scheme), several texts display **sample answers**: text 1 shows a performance by a grade-A student and texts 2 and 5 (task 1) performances by students who got a grade C (each with errors asterisked). These are followed by a full explanation of their achievement. Where appropriate, there are **points by the examiner** to draw attention to aspects of the text that could be difficult.

Notes on the type of task

The tasks you are likely to encounter in this paper are:

- **true**, **false** and **not mentioned** in the text
- **gap-fill in Spanish** including 'distractors', i.e. words that could fit but that are not suitable, and manipulation of nouns, verbs or adjectives in a list of sentences
- **matching** sentences listed in two columns (also with extra sentences, which act as distractors), such as matching questions and answers
- **matching** statements or descriptions with objects or concepts
- **completing sentences** with one of three possible **multiple-choice endings**
- **completing a grid with data** from the text, with short responses
- **open-ended comprehension questions** with answers in Spanish
- **open-ended comprehension questions** with answers in English

Where one task is used by one board only, this is indicated in the samples analysed in this chapter.

Notes on assessment

In this paper, where both questions and answers are in Spanish, marks are allocated primarily for comprehension of specific points in the Spanish text rather than for linguistic accuracy in the answer. The examiner will have a list of correct points for each question and candidates who communicate them fully and clearly will receive the maximum mark for the question. The rubric will indicate whether or not the points have to be communicated in full sentences.

Marks are withheld if the language employed is so unclear, ungrammatical or ambiguous in meaning that the examiner cannot tell whether the Spanish has been understood or not.

It is very important for you to answer in your own words. If you 'lift' the answer entirely from the reading extract this usually results in no marks being awarded, since the examiner does not know whether you have understood the section or not.

Pointers for a good performance

In order to perform well in tasks requiring the use of Spanish you should show the following in your answers:

- a good understanding of the information that is central to the article, in combination with details (e.g. *el artículo trata de cómo los DVDs son un instrumento educativo: a través del uso de subtítulos...* etc.)
- a good understanding of grammatical items such as tense and mood (e.g. *para celebrar la tradición que comenzó con el Quijote hace cuatro siglos, se está planeando una ruta por La Mancha...* etc.)
- a good understanding of a variety of writing registers (e.g. *si analizamos datos precisos de una encuesta...*, or *se comenta en las calles que...* or *Usted debe...* etc.)
- understanding of structures (e.g. *no sólo se puede controlar el uso del móvil, sino indicar para qué es indispensable...* etc.)
- the ability to infer meaning and points of view (e.g. *se ve que el autor está en contra del turismo masivo, porque...* etc.)

Texto 1   La educación

Lee las declaraciones que un profesor hace sobre el uso de los DVDs y contesta las preguntas a continuación.

Instrumentos para aprender disfrutando

Bienvenidos a la era del "tecnoaprendizaje". ¿Quién ha dicho que un instrumento como el DVD es sólo para el entretenimiento de las masas? Me asombra lo instructivo y educativo que es a la vez. Las películas de Hollywood se convierten en un sencillo método de "aprendizaje divertido" al presionar el botón de los subtítulos y poder leer y confirmar lo que dicen los personajes, o bien traducirlo a nuestra lengua. Una manera ideal para recuperar esa sensación de "¡es que entiendo el inglés!"

Hasta nuestro autóctono* Carlos Saura nos puede comentar, en un audio alternativo y con voz en off, cómo ha logrado coordinar elementos gráficos e históricos para obtener una sensación histórica en su "Goya en Burdeos", o Amenábar una Madrid vacía en "Abre los ojos". Y esto a la vez que estamos viendo la película, como si estuviéramos sentados al lado del director, aprendiendo de él; o si prefiere, en un documental de "cómo se hizo".

Es que finalmente la tecnología se ha puesto más que nunca a favor del aprendizaje, aunque no lo parezca. Nuestras mentes ya se están educando mientras nos divertimos, y quién sabe, puede que también nuestro próximo gran director de cine esté "estudiando" con sus DVDs.

* autóctono = local, que nació en el lugar del cual se habla

---

e Many English words have a different meaning in Spanish. *Voz en off* in the second paragraph means voice-over.

There are three cases of the subjunctive in the text ('... como si *estuviéramos* sentados...' '... aunque no lo *parezca*' and '... nuestro próximo gran director de cine *esté* "estudiando"'). These clearly imply the acts are hypothetical.

Task (Edexcel-type)

Answer the following questions IN ENGLISH:

(1) According to the author, what two purposes do DVDs serve? (2)

(2) How could a Spaniard who was learning English use a Hollywood film? (2)

(3) What effects did the directors want to achieve in the two films that are mentioned? (2)

(4) What effect does the director's commentary have on the listener when it is on? (2)

(5) How is technology changing, according to the writer? (1)

(6) What is a future great film director likely to be doing now? (1)

Sample answer at grade A

(1) They entertain people ✔ and teach them ✔ at the same time. (2)

e The meaning of the answer is fully conveyed.

(2) They could translate it into Spanish. ✔ (1)

e Partial understanding only, therefore 1 mark awarded out of 2.

(3) A feel for history ✔ and an eye-opener. ✗ (1)

e The first point is grasped, but the second is an incorrect guess, on the basis of the film's title.

(4) Learn from him ✔ and sit next to him. ✔ (2)

e Both points well understood.

(5) It's becoming more educational. ✔ (1)

e Point understood.

(6) Studying with DVDs. ✔ (1)

e Point understood.

Total: 8 marks out of 10

Answers

(1) They entertain the masses. (1)
They are educational. (1)

(2) He/She could access the subtitles (1)
so that he/she could read what was being said (1)
or translate it into his/her own language. (1)

(2 out of a possible 3)

(3) A sense of history. (1)

The emptiness of Madrid. (1)

(4) The listener feels that the director is sitting next to him/her (1)

and that he/she is learning from him. (1)

(5) It is moving towards education/learning. (1)

(6) He/She might be studying now with DVDs. (1)

Texto 2   La salud

Lee el siguiente informe sobre la salud en Cuba, y haz el ejercicio a continuación.

Cuba vieja y sana

El club de los 120 años celebra en La Habana un congreso en que participa una docena de cubanos que ya superan los 100 años y que cuentan sus diferentes experiencias de vida.

La mayoría son personas que de jóvenes desarrollaron trabajos físicos, desde la costura hasta el corte de caña de azúcar, por lo que de su experiencia se podría deducir que el ejercicio es una de las recetas más seguras para la longevidad.

El objetivo del club de los 120 años es lograr un cambio de concepciones y costumbres en sus asociados, que les permita alcanzar esa edad manteniendo una buena calidad de vida.

Para muchas de estas personas los ejercicios físicos fueron clave, como es el caso de Ramón Cordobés, de 93 años, quien nos cuenta que vive frente al mar y nada diariamente alrededor de un kilómetro. Otra de las razones parece ser la alimentación, según nos dice Hortensia Cueto, de 103 años: "He comido como pobre muy bien, sobre todo muchas frutas porque cuando yo era niña, con pocos centavitos se comían frutas caras".

Es difícil encontrar una sola causa, por lo que el club de los 120 años tiene ya profesionales investigando en 64 especialidades, desde la nutrición hasta la genética, para identificar todos los factores que prolongan la vida.

Adaptado de "120 años de sabiduría", Fernando Ravsberg, *BBC Mundo*, 10 de febrero de 2005, http://news.bbc.co.uk/hi/spanish/misc/newsid_4254000/4254375.stm

Task

Contesta estas preguntas EN ESPAÑOL. No debes copiar del texto sino utilizar tus propias palabras.

(1) ¿Qué tienen en común los doce ancianos que asistieron al congreso en La Habana? (1)

(2) ¿Qué tipos de trabajo hacían estas personas en su juventud? (3)

(3) ¿Qué conclusión se puede sacar del estilo de vida de estas personas? (2)

(4) ¿Qué quiere conseguir el club de los 120 años? (3)

(5) ¿Cómo sabemos que Ramón Cordobés está aún en buen estado físico? (2)

(6) ¿Cuál es el secreto de la longevidad para Hortensia Cueto? (2)

(7) ¿Qué quiere descubrir el club de los 120 años? (2)

Sample answer at grade C

(1) Tienen más que 100 años. ✔ (1)

e One grammar error (*que* instead of *de*) but correct meaning conveyed.

(2) Hacían trabajos físicos. ✔ (1)

e Only one correct point; relevant detail missing.

(3) Viven muchos años. ✔ (1)

e Only part of answer correct.

(4) Lograr un cambio de concepciones y costumbres en sus asociados, que les permita alcanzar esa edad manteniendo una buena calidad de vida. ✗ (0)

e Correct answer but lifted entirely from the text and so there is no evidence of comprehension.

(5) Nada ✔ cada día. ✔ (2)

e Communicates the essence of the answer.

(6) Siempre ha comido bien ✔ y come mucha fruta. ✔ (2)

e Communicates the essence of the answer, with correct manipulation.

(7) Quiere descubrir 64 secretos para ser mayor. (0)

e Misunderstood.

Total: 7 marks out of 15

Answers

(1) Todos tienen más de cien años. (1)

(2) Hacían trabajos físicos, (1)

como coser (1)

o cortar caña de azúcar. (1)

(3) Que el ejercicio te ayuda (1)

a tener una vida larga. (1)

(4) Que sus miembros cambien sus ideas (1)

y estilo de vida (1)

para llegar a una edad avanzada. (1)

(5) Porque a pesar de su edad practica la natación en el mar (1)

todos los días. (1)

(6) Dice que siempre ha tenido una dieta buena, (1)
con mucha fruta. (1)

(7) Quieren saber cuáles son los factores (1)
que contribuyen a tener una vida larga. (1)

Texto 3   Temas de actualidad

Lee el siguiente artículo de un periódico español y haz el ejercicio a continuación.

Una futura Reina para España

La Princesa de Asturias, Letizia Ortiz, dio a luz a una niña la madrugada del 31 de octubre. Con este nacimiento se pone fin a una larga espera, que comenzó el pasado mes de mayo cuando los Príncipes de Asturias hicieron público el deseado embarazo y desde entonces las apuestas sobre el sexo del bebé eran una constancia. Los medios de comunicación fueron avisados por la Casa Real mediante un mensaje de móvil del ingreso de Doña Letizia en la Clínica Ruber de Madrid.

La primogénita de los Príncipes de Asturias ocupará el segundo lugar en la línea sucesoria después de su padre, Don Felipe de Borbón y Grecia. En nuestra Carta Magna en el artículo 57.1 se establece la supremacía del varón sobre la mujer para acceder a la Corona, algo que debería ser reformado con el consenso de las fuerzas políticas y con la de los españoles.

Adaptado de "Una futura Reina para España", María Pérez Sánchez-Beato, www.lukor.com/not-por/0511/05120442.htm

Task

Aquí tienes frases de una ficha de la genealogía de la Familia Real Española. Complétala de acuerdo a la información del texto.

(1) Fecha del nacimiento del nuevo miembro de la Familia Real:	
(2) Fecha del anuncio del embarazo:	
(3) Sexo del nuevo miembro de la Familia Real:	
(4) Sitio del nacimiento:	
(5) Orden de prioridad para ser monarca de España del nuevo miembro de la Familia Real:	
(6) Documento oficial que establece supremacía del varón:	

Answers

(1) 31 de octubre   **(3)** femenino/niña   **(5)** segundo

(2) mayo pasado   **(4)** Clínica Ruber de Madrid   **(6)** artículo 57.1 de la Carta Magna

Los medios de comunicación

Lee lo que la siguiente revista cuenta de un escándalo en un concurso, y haz el ejercicio a continuación.

Miss Escándalo

Vanesa Sala, Miss Badajoz, ha sido la encargada de denunciar irregularidades en la elección de Miss España. La representante acusa a las favoritas de que "llevaban una fuerte delegación detrás", y que al menos una "ha pagado por su corona".

Esta grave declaración ocurrió después de la final de la gala de Miss España, en la que Mayte Medina, la representante de Barcelona, vencedora, fue abucheada por un sector del público. "Me puse muy nerviosa. Desde que me dieron el premio *Wella* ya empezaron a chillarme y no sé por qué". Además, Mayte explicó, "como he salido en todos los medios, la gente me vio como favorita y ha sido por este motivo que me han abucheado. Las misses hablaban con sus padres y les decían que había tongo*, que estaba todo comprado".

Y es muy posible. Hace un par de años, el Mundo Televisión sacó a la luz un documento, grabado por cámara oculta, que mostraba la compra de un título de belleza. En aquel momento, las acusaciones de fraude, engaño y robo salpicaron a la organización del concurso. De hecho, varios patrocinadores retiraron su apoyo a Miss España.

Aunque se han hecho varios intentos por salvar la imagen del concurso, las acusaciones de corrupción no cesan. Esta vez, una mujer que se hace llamar Carol llamó al programa "Sabor a ti" y explicó que: "desde antes se sabía que Miss España era Miss Barcelona... ".

*tongo (fam.) = trampa; dejarse ganar

Adaptado de "Escándalo en la elección de Miss España 2004", *Todo Ellas*, 1 de abril de 2004

Task

Según lo que has leído, decide quién expresa las siguientes opiniones. Pon el nombre de la persona o institución en la casilla apropiada. ¡Cuidado! Un nombre puede aparecer más de una vez.

(1) "Me parece que aquí hay algo que no está bien".	
(2) "Yo no pagué por mi corona. Gané legítimamente".	
(3) "En este documental mostramos lo que sucedió hace dos años".	
(4) "Me envidian, porque salí mucho en la televisión".	
(5) "Claro que sabíamos que Miss Barcelona ganaría. Lo escuché en un ensayo".	
(6) "Yo no tengo una delegación tan fuerte como las demás".	
(7) "Por esto ya no damos nuestro apoyo a Miss España".	

Answers

(1) Vanesa Sala
(2) Mayte Medina
(3) El Mundo Televisión
(4) Mayte Medina

(5) Carol
(6) Vanesa Sala
(7) Patrocinadores

Texto 5   El tiempo libre

Lee la siguiente introducción de un libro sobre los bares de Buenos Aires y haz los ejercicios a continuación.

Lugar común, los bares de Buenos Aires

Nuestros bares fueron fieles al espíritu español. En España, el bar es siempre compartir. Bares de tapas, de pequeñas raciones que se consumen con amigos a toda hora. Lugares de descanso, de corte para volver a trabajar o a casa.

Al igual que en España, acá los antiguos bares convocaban — algunos aún lo hacen — a la tertulia. Puntos de encuentro con amigos para nada, para juntarse y compartir la vida. Lugares sin tiempo, de confidencia, como lo registró el tango. Bares en los que casi te tocabas con los de la otra mesa y con ventanas bien bajas, para asomarse a la calle. Que a veces admitían también la soledad.

En los 70 ocurrió algo especial: para muchos de nosotros el bar fue el lugar de las citas de la militancia. Centros de discusión política en un momento en que la política ocupó un lugar excesivo en nuestras vidas.

En los últimos años, los bares nos dieron un baño de lujo y un menú más completo, con comida rápida, y hasta la pizza y el café, hasta entonces irreconciliables. Desde entonces no son lugares para estar mucho tiempo. Son funcionales a lo que somos hoy. Respetan menos los tiempos de la amistad porque nosotros invertimos menos tiempo en la amistad. O la cultivamos por chat. Tiempos del cibercafé.

Adaptado de "Lugar común, los bares", Ricardo Roa, *Clarín*, 14 de julio de 2004

Task 1 (Edexcel-type)

Answer the following questions IN ENGLISH:

(1) Mention three ways in which the bars of Buenos Aires followed
    Spanish traditions. (3)
(2) What physical characteristics of traditional bars are mentioned
    in the text? (2)
(3) What happened in the bars in the seventies? (1)
(4) What have the bars started to offer in recent years? (3)
(5) What aspects of modern life are reflected in bars today? (3)

Sample answer at grade C

(1) They serve Spanish spirits, ✗ the bar is always shared, ✔ you can eat tapas. ✔ (2)

ⓔ The first point is misunderstood, but the second and third points are just sufficient for the marks to be awarded.

(2) The windows are low down. ✔ (1)

ⓔ Only one point grasped.

(3) Something special. ✗ (0)

ⓔ Insufficient. Lacks detailed explanation.

(4) A luxury bathroom, ✔ a more complete menu, ✔ fast food, ✔ pizza and coffee. (3)

ⓔ The first, second and third points are acceptable, therefore maximum marks for the question. The last point misses the fact that the two can be served together.

(5) They are less friendly; they have a cybercafe. ✗ (0)

ⓔ Passage misunderstood. Answer insufficient for any marks.

Total: 6 marks out of 12

Answers

(1)	They were meant for sharing with friends.	(1)
	They were available at any time of day.	(1)
	They served small portions of food.	(1)
	They were a place of rest.	(1)
	They stimulated discussion.	(1)
		(3 out of a possible 5)
(2)	They have tables close together	(1)
	and low windows.	(1)
(3)	In the seventies, bars became places of political affiliation/discussion.	(1)
(4)	A luxury bathroom/toilet	(1)
	a menu that is more comprehensive	(1)
	fast food	(1)
	pizza and coffee together	(1)
		(3 out of a possible 4)
(5)	They are functional.	(1)
	They offer less time for friendship	(1)
	because we cultivate friendship differently.	(1)

Task 2

Completa este resumen del texto rellenando los espacios en blanco con las palabras entre paréntesis. Debes poner el verbo o adjetivo en la forma adecuada, o crear palabras de los verbos o adjetivos proporcionados.

> Igual que en España, los bares de Buenos Aires **(1)** .... **(servir)** histórica-
> mente para **(2)** .... **(reunirse)** con amigos, pasar el rato y picar algo. En el
> pasado, con frecuencia la gente **(3)** .... **(intercambiar)** ideas en un ambiente
> de **(4)** .... **(íntimo)**, o bien se quedaba **(5)** .... **(ensimismado)**, por lleno que
> estuviera el local. En épocas **(6)** .... **(turbulento)**, los bares **(7)** ....
> **(convertirse)** en núcleos de debates políticos. **(8)** .... **(último)** se nota una
> **(9)** .... **(transformar)** que refleja el estilo de vida **(10)** .... **(actualidad)**, en
> que la correspondencia electrónica sustituye al trato personal.

Answers

(1) han servido	**(4)** intimidad	**(7)** se convirtieron	**(10)** actual
(2) reunirse	**(5)** ensimismada	**(8)** últimamente	
(3) intercambiaba	**(6)** turbulentas	**(9)** transformación	

Texto 6   El medio ambiente

Lee el siguiente informe oficial del gobierno de Perú, y haz los ejercicios a continuación.

Proteger la Amazonía peruana

1 El gobierno peruano anunció la creación de una de las mayores áreas de conservación
en el mundo, que incluirá una reserva territorial para comunidades indígenas aisladas.

2 La Zona Protegida Alto Purus cubrirá una extensión de 2,7 millones de hectáreas
en la amazonía peruana, una superficie similar a toda Bélgica.

3 El Fondo Mundial para la Conservación de la Naturaleza (WWF, por sus siglas en inglés)
afirmó que la iniciativa significará más protección para los pobladores locales y las
especies amenazadas que viven en la región.

4 El grupo conservacionista, involucrado activamente en el proyecto, asegura que el
incremento registrado en los últimos años de la explotación maderera afecta a toda el
área.

5 La zona es hábitat de raras criaturas, como el jaguar, la nutria gigante de río y el mono
araña negro, y árboles amenazados como el valioso caoba de hoja ancha, pero también
de los Mashco-piró, una tribu aborigen que vive en voluntario aislamiento.

6 Según el proyecto, se creará una comisión de ayuda a las comunidades del Alto Purus,
que ya ha recibido la aprobación de las nueve comunidades que viven en
el área.

7 Uno de los líderes expresó que la iniciativa los ayudaría a manejar mejor sus territorios
de acuerdo con las tradiciones de sus ancestros.

Adaptado de "Perú creará inmensa reserva amazónica", *BBC Mundo*, 1 de abril de 2005,
http://news.bbc.co.uk/hi/spanish/science/newsid_4399000/4399507.stm

e One important noun within the text, *área*, is feminine in gender but takes the masculine article *el* to avoid a vowel clash in the singular, as the stress falls on the letter *a* in the following word (*el área*, as seen at the end of paragraphs 4 and 5, but *las áreas*, as in the first sentence in the text). This is a rule that applies to many other words, notably the common *el agua* (e.g. *el agua fresca*). Make sure that you understand and use this rule accordingly.

The fourth paragraph details the main problem, *el incremento registrado en los últimos años de la explotación maderera*, which justifies the action described in the whole text. Make sure that you focus on the essence of articles such as these to avoid confusion.

Note how in the fifth paragraph there is a list of the animals and trees in the area, immediately followed by the unfamiliar name of a tribe of American Indians, which when read quickly could be misinterpreted as another animal or tree. Make sure not to assume articles talk about only one subject and separate them accordingly.

Task 1

Aquí tienes las principales ideas del texto resumidas. Decide en qué párrafo del texto se expone cada una. Pon el número adecuado en cada casilla. ¡Cuidado! Sólo vas a usar SEIS de las siete oraciones de la lista y sólo vas a usar cada párrafo una vez.

Resumen
a El área medirá tanto como un país europeo.
b Los habitantes de la zona están contentos con la iniciativa.
c La actividad de leñadores compromete la conservación.
d Un organismo, que la gente local ha aprobado, apoyará el proyecto.
e Se ha hecho oficial la noticia de una zona de protección en Perú.
f Se han hecho muchas campañas para proteger esta área en los últimos años.
g Además de la flora y fauna, también se protegerá así a nativos locales.
h Los animales en vías de extinción tendrán más protección, según los expertos.

Resumen	a	b	c	d	e	f	g	h
Párrafo								

Answers

a (2), b (7), c (4), d (6), e (1), f 0, g (5), h (3)

Task 2 (AQA)

Rellena los espacios en las frases siguientes con la forma adecuada del verbo o de la palabra entre paréntesis.

(1) El gobierno peruano quería que .... una zona dedicada a la conservación. **(haber)**

(2) La zona les daría protección a las comunidades .... **(local)**

(3) La reserva comprendería un área muy .... **(extenso)**

(4) El territorio será .... grande como Bélgica. **(tanto)**

(5) La iniciativa .... bien recibida por el Fondo Mundial para la Conservación de la Naturaleza. **(ser)**

(6) La gente que se dedica al proyecto .... un aumento en la actividad de los madereros en los últimos años. **(notar)**

(7) Hoy en día, no les .... a los científicos que ciertos animales estén en peligro. **(gustar)**

(8) Parece que la tribu de los Mashco-piró prefiere vivir en sitios .... **(aislado)**

(9) .... de las nueve comunidades se opuso al plan. **(ninguno)**

(10) Es importante que las tradiciones ancestrales no .... **(perderse)**

Answers

(1) hubiera	**(4)** tan	**(7)** gusta	**(10)** se pierdan
(2) locales	**(5)** fue	**(8)** aislados	
(3) extensa	**(6)** ha notado	**(9)** Ninguna	

Texto 7   Turismo

Lee el siguiente folleto referido a **La ruta del Quijote** y contesta el ejercicio a continuación.

La ruta del Quijote

Se conmemoró en 2005 el cuarto centenario de la primera edición de "El Quijote". Miguel de Cervantes vinculó su obra más universal con algún lugar desconocido de La Mancha, allí donde estarían la hacienda y la casa del hidalgo* Quijano, su alocado soñador.

El gobierno de Castilla-La Mancha ha iniciado una campaña de promoción regional que tiene como tema un ambicioso proyecto eco-cultural: un corredor turístico que, bajo el título de *la Ruta de Don Quijote*, pretende enlazar y dar valor a buena parte del territorio regional a través de un camino transitable a pie, en bicicleta o a caballo.

El itinerario propuesto está estructurado alrededor de la Autovía de Andalucía, A-4, tanto para los que viajen desde el centro-norte de la Península como para los que lo hagan desde el sur.

Renfe (Teléfono: 902 240 202 y **www.renfe.es**) comunica diariamente por AVE Madrid y Sevilla con Ciudad Real, desde donde es posible alquilar un vehículo y realizar el recorrido. Más información: **www.donquijotedelamancha2005.com**.

*hidalgo = caballero, noble

Adaptado de "Escapada, La ruta del Quijote", Pepo Paz Saz, *El Mundo*, 8 de febrero de 2005, www.elmundo.es/metropoli/2005/01/21/escapadas/1106262026.html

e There are false friends within the article, *pretende*, which means 'expects', and *realizar*, which means 'to perform'. If interpreted wrongly, these could change the meaning of the text. Focus on this vocabulary area. Other 'amigos falsos' for English that are quite common in texts are: *eventualmente* (possibly), *la librería* (book store), *los parientes* (relatives), *actual(mente)* (present(ly)), *éxito* (success), *disgustar* (to annoy), *molestar* (to disturb).

In order to avoid delays or confusion when answering, review the meaning of common Spanish companies and institutions such as RENFE (Red Nacional de Ferrocarriles de España) and AVE (Alta Velocidad de España).

Task

De cada tres frases escoge la que más conviene según el texto.

(1) "El Quijote" se publicó por primera vez:
   A hace cien años.
   B en cuatro ediciones.
   C hace cuatro siglos.

(2) No se puede identificar:
   A el pueblo donde vivía el protagonista.
   B la región en que se desarrolla la acción de la novela.
   C el autor de la novela.

(3) El proyecto es promocionado por:
   A el gobierno nacional.
   B la autoridad autonómica.
   C los ecologistas.

(4) El camino no será apto para:
   A ciclistas.
   B jinetes.
   C conductores.

(5) La ruta:

    A cambia de acuerdo a la región.

    B no llega a Andalucía.

    C es una sola.

(6) La ciudad más cercana a la ruta es:

    A Sevilla.

    B Ciudad Real.

    C Madrid.

Answers

(1) C, **(2)** A, **(3)** B, **(4)** C, **(5)** C, **(6)** B

Texto 8   La comida

Lee la siguiente entrevista con el profesor de la UBA (Universidad de Buenos Aires) Hugo Cetrángolo, especializado en agronegocios, y haz el ejercicio a continuación.

Cada vez se come menos comida basura

1 En todo el mundo, los movimientos contra la comida basura están creciendo con la misma velocidad con la que los chicos de la gorrita sirven las hamburguesas. En Argentina, la ola "anti comida basura" está representada por *Slow Food, Movimiento Argentino para la Producción Orgánica y Sabores de la Argentina*.

2 Todas tienen en común la defensa de la buena alimentación y/o las costumbres locales, y ya tienen miles de seguidores en este país.

3 La ONG* *Slow Food*, que tiene más de 100 mil seguidores en el mundo, está entre los grupos "antiglob". La propuesta es generar una nueva cultura del placer gastronómico.

4 Una vez por semana organizan cenas para probar platos locales, muchas veces poco habituales: queso de cabra tibio con verdura tierna, lomo de llama a la crema de curry... Por 30 pesos los comensales pueden disfrutar de una cena, vino y show incluidos.

5 Los "clientes" de este tipo de movimientos son, en su mayoría, profesionales mayores de 30 años. Las comidas "lentas" pueden durar entre 2 y 4 horas.

6 Si bien los distintos grupos de "buen comer" crecen de modo acelerado en todo el mundo, es imposible competir contra productos globalizados con publicidad masiva que facturan billones de dólares al año.

* ONG = Organización No Gubernamental

Adaptado de "Los enemigos de la 'comida chatarra' tienen cada vez más restaurantes en Buenos Aires", Cristina Russo, *Clarín*, 17 de diciembre de 2003

e From the first sentence the following needs to be inferred: boys at fast food chains who normally wear caps serve burgers quickly, and that quickness is likened to the rapid growth of anti-fast food movements. The comparative structure yields this meaning. Note the opposing point of view expressed in the last paragraph.

Task (OCR)

Ahora lee las preguntas del entrevistador. Decide cuál es la mejor pregunta que responde cada párrafo del texto. Pon la letra apropiada en cada casilla.
¡Cuidado! Sólo vas a usar SEIS de las siete preguntas de la lista y sólo vas a usar cada párrafo UNA vez.

a ¿Hay mucha gente que sigue esta corriente?
b ¿Cuándo van a abrirse estos restaurantes?
c ¿Para qué se han creado estos organismos?
d ¿Cómo se ve la comida basura en la Argentina?
e ¿Y quiénes se asocian?
f ¿Qué hacen los que están asociados a esa ONG?
g ¿Usted cree que se va a eliminar así la comida basura en el mundo?

Párrafos	1	2	3	4	5	6
Preguntas						

Answers

(1) d, (2) c, (3) a, (4) f, (5) e, (6) g

Texto 9   La familia

Lee la siguiente noticia social de un diario de Paraguay y haz el ejercicio a continuación.

Una boda romántica, hispana y de farándula*

El popular cantante mexicano Cristian Castro contrajo matrimonio civil este sábado en Asunción, Paraguay, con Gabriela Bo, una bella joven universitaria de 21 años, heredera de una de las mayores fortunas de ese país.

"Es la esperanza que siempre estuve buscando en mis canciones", dijo a los periodistas el flamante esposo de 28 años, famoso por sus temas sentimentales y por su mamá, la actriz de telenovelas Verónica Castro.

Cerca de 400 personas concurrieron a la ceremonia y a la fiesta que se celebró en la lujosa residencia del padre de la novia, Nicolás Bo, quien hasta último momento trató de mantener en reserva la boda de su hija.

Además de ser propietario de una tabacalera, de compañías de finanzas y seguros y del diario asunceño "Noticias", entre otras empresas, Bo es adherente a una de las corrientes internas del gobernante Partido Colorado.

La unión de Cristian y Gabriela ha sido el tema de cotilleo de los asunceños y del periodismo dedicado a la farándula* que ha llegado a decir que se trataba del "evento del año en Paraguay".

Pero los medios de comunicación controlados por Nicolás Bo se negaron a hablar del tema, especialmente por las molestias que ocasionaron en la familia los rumores de que la rapidez en la decisión del matrimonio se podría haber debido a que la pareja espera un niño.

La pareja piensa que en noviembre tendrán su boda religiosa, esta vez en la capilla del colegio Las Vizcaínas de la capital mexicana.

* farándula = los artistas famosos y su ambiente

Adaptado de "Cristian Castro, ¡cómo no decir sí!", *BBC Mundo*, 9 de marzo de 2003, http://news.bbc.co.uk/hi/spanish/misc/newsid_2834000/2834425.stm

e Examiner notes

The penultimate paragraph introduces the rumour of a possible pregnancy. The tense, *se podría haber debido a...* (conditional perfect) implies that a pregnancy was not announced, but that the speed of the wedding could have been due to.... Make sure you interpret complex tenses such as these correctly.

Task

Rellena el cuadro EN ESPAÑOL con los datos que faltan:

(1) La edad del esposo:	(1)
(2) El trabajo de la madre del novio:	(1)
(3) El número de los invitados a la boda:	(1)
(4) El trabajo del padre de la novia:	(1)
(5) Lo que los periódicos llamaron la boda:	(1)
(6) Lo que dijeron de la boda los periódicos de Nicolás Bo:	(1)
(7) Lo que esperaba la pareja, según el cotilleo:	(1)
(8) Ciudad en la que se celebrará la ceremonia religiosa:	(1)

Answers

(1) 28 años

(2) Artista de culebrón/Actriz de telenovelas

(3) 400 personas

(4) Dueño de muchas compañías

(5) El evento del año en Paraguay

(6) Nada

(7) Un bebé

(8) La Ciudad de México

Texto 10   La salud y el tiempo libre

Task

Aquí tienes las descripciones de ocho deportes (1–8). Tienes que escoger a qué deportes se refieren. Escribe la letra del deporte en cada casilla.

A puro deporte

(1) Para este deporte se utiliza una pelota y se disputa entre dos o cuatro jugadores. Los partidos se juegan en canchas que pueden tener distintas superficies.	
(2) Un deporte entre dos equipos que consiste en introducir una pelota en un aro, del que cuelga una red.	
(3) Un deporte en el que dos equipos compiten para llevar una pelota o un disco de caucho a la meta contraria para marcar un gol. Los jugadores llevan un palo largo con el que golpean la pelota.	
(4) Los dos equipos se enfrentan separados por una red en el centro del terreno. Los jugadores tratan de pasar el balón por encima de la red hacia el campo contrario. Golpean el balón con manos y brazos.	
(5) Este deporte se juega con una pelota en un campo de césped. Tiene una meta a cada lado. El objetivo del juego es desplazar la pelota para ubicarlo en la meta contraria. Se juega principalmente con los pies.	
(6) Dos o cuatro personas juegan, utilizando una paleta. Golpean la pelota de un lado a otro de la red central.	
(7) Es un deporte que consiste en desplazarse sobre una tabla provista de una vela. Se manipula la tabla en función de la dirección del viento.	
(8) Se practica este deporte sobre una embarcación ligera, normalmente de madera, fibra de vidrio o plástico.	

A el piragüismo		**B** el fútbol		**C** el tenis		**D** el hockey	
E el baloncesto		**F** el voleibol		**G** el windsurf		**H** el tenis de mesa	

Answers

(1) C, (2) E, (3) D, (4) F, (5) B, (6) H, (7) G, (8) A

AS Writing

*I*n this section we will give examples of the different types of task set by the three awarding bodies, taking into account the new board specifications for teaching from 2008 onwards. From this date each examination board offers an AS writing section contained in a composite paper that tests listening, reading and writing skills.

Writing tasks

The three awarding bodies set their own specific writing tasks in Spanish at AS, and there are distinct variations between these tasks. The writing tasks are related to the different topic areas prescribed by the boards at AS.

Notes on assessment

AQA

In AQA's *Unit 1, Listening, Reading and Writing,* students write extensively on one topic from a choice of three, each one taken from a different AQA topic area. You must write **a minimum of 200 words**. The titles are preceded by a variable number of short 'headline' statements, some of which may be accompanied by visuals; these statements relate to the chosen topic area and act as stimuli. The titles require you to give opinions on aspects of the chosen topic. These tasks, unlike those of Edexcel and OCR, may be described as 'essays' of the discursive type.

Edexcel

In its *Unit 2: Understanding and Written Response in Spanish,* Edexcel requires students to write a letter, report or article of **200-220** words based on a short stimulus passage. You respond to between four and six bullet points, which help to structure your answer. You are usually asked to give your opinion on a topic raised by the stimulus. This type of writing is a 'guided task'.

OCR

OCR's *Unit 2: Listening, Reading and Writing 1* has two sections: A (Listening and Writing) and B (Reading and Writing). In Section A there is a short writing task, which requires you to transfer meaning from English into Spanish. This task may be business-oriented. Section B offers more substantial writing tasks for which **at least 200, but not more than 300 words**, have to be written. These tasks take the form of questions related to the content of a stimulus reading passage; they require specific answers, including the candidate's opinions on issues raised by the passage. The tasks are therefore responses requiring summary/paraphrase of parts of the passage and opinions, rather than essays.

Since each board has a different format, we have divided the sample tasks into three sections, each corresponding to an examination board. There is, however, a good deal of common ground between the boards in their assessment principles, marking practices and in the amount of writing that you have to produce at AS. The following assessment advice covers writing tasks set by all three boards.

Pointers on answering the writing question

When preparing for the writing tasks in the examination, irrespective of the board you are being examined by, it is important to bear in mind the following:

- Read the stimulus material and the question(s), including the different parts, where appropriate, very carefully, and then take time to plan your answer. If you rush into an answer without giving yourself time to reflect on the topic and the question, you are likely to produce an unstructured piece of work, which will not read well and may not convince the examiner.
- Answer relevantly, sticking closely to the actual terms of the question. Marks are not awarded for material that digresses from the point, however interesting it may be.
- Giving opinions will always be a part of the task at AS, and the ability to present a reasoned argument may make the difference between a high and a low grade. When preparing for the examination, it is important therefore to debate issues orally and in writing, so that opinions are aired and reflected on. Personal views should always be justified by solid argument.
- Do not write a 'pre-prepared' answer. This kind of answer often misses the point of the question and ends by being partly irrelevant.
- Stick to the word limit stated, or recommended, by the examination board. It is important not to write more than the word limit since, by so doing, you increase the likelihood of making errors and you run the risk of repeating yourself.
- Use your own words in Spanish. Answers that 'lift' heavily from the stimulus gain little credit.
- Take care to write in paragraphs, where appropriate to the task.
- Leave time to check your written Spanish very carefully in order to eliminate needless errors.
- Make sure that you use a range of vocabulary and structures that are appropriate to the topic that you are writing about. You should possess a good range of lexis for each topic set by your examination board by the end of the AS year.

AQA

To be successful in the writing task, you should practise writing discursively from the beginning of the course. Initially, you should write short responses to tasks related to the topic areas, then build up to more extensive essays of around 200 words. The titles given in the examination are preceded by headline-type statements, as in the samples below. You should use the information in these statements to stimulate your thinking about the topic, and should not repeat them verbatim in your essays.

You should pay particular attention to the following qualities for which you will be rewarded:

- writing relevantly, i.e. sticking to the terms of the question and not digressing
- planning your essay coherently so that the ideas develop in a logical sequence

- justifying your arguments
- showing clarity of expression
- producing a good range of lexis and structures
- writing accurately, avoiding basic errors

Task 1   Media

La publicidad
Answer the question below **in Spanish,** referring to one of the topics.

¡Debemos prohibir la publicidad de bebidas alcohólicas!

La publicidad muestra a las mujeres como objetos y/o trofeos para los hombres que logran conquistarlas.

A veces la publicidad no llega a decir toda la verdad, cayendo más en la mentira...

Cada vez más empresas hacen publicidad por Internet, ahora que la relación con el cliente es a través de la Red.

La publicidad: herramienta esencial para cualquier empresa

Essay question
¿Cuáles son los objetivos de las campañas de publicidad? ¿Qué técnicas se utilizan para conseguirlos?

(35 marks)

Task 2   Family/Relationships

Los padres y los hijos
Answer the question below **in Spanish.**

Cómo mejorar la comunicación entre padres e hijos.

La familia continúa estando a la cabeza de los valores considerados más importantes por los españoles.

La familia tradicional, donde padres casados conviven con sus hijos dependientes, está en crisis.

El programa de esta noche, «¡En casa mando yo!», trata de los padres que no quieren perder autoridad.

Los hijos exigen cada vez más permisividad en temas como la discoteca, el horario...

No existe un modelo único de familia. Se ha pasado de una familia tradicional, con muchos hijos e hijas, a una familia más moderna, donde el número de hijos ha descendido y la mujer se ha incorporado al mercado laboral.

Essay question

"La familia ha cambiado profundamente durante los últimos años". ¿Estás de acuerdo con esta opinión? ¿Por qué (no)?

(35 marks)

Task 3   Healthy Living/Lifestyle

Comida basura/obesidad

Answer the question below **in Spanish**.

Cuanta más televisión ven los niños, más comida basura comen.

Nuestro organismo necesita de todo un poco para estar sano; lo que es verdaderamente malo son los excesos.

No existe la "comida basura", lo que sí existe es la "dieta basura".

Los gobiernos gastan dinero en comidas para los colegios públicos, que son basura por la cantidad de colorantes artificiales.

La obesidad, enfermedad de las sociedades ricas

Essay question

"Los peligros de la comida basura son exagerados". ¿Qué opinas?

(35 marks)

Sample answers to Task 3

En mi opinión, pienso* que las personas, sobre todo los chicos, no deben comer comida que contiene grasas. Vemos personas obesas por todas partes. Su salud es* en peligro porque de* esta comida basura, y cuando son* mayores van a tener muchas enfermedades. Mas* y mas* personas tienen demasiado peso en [*] sociedades ricos*. La obesidad costa* mucho a la sociedad, y el Gobierno tiene que hacer algo.

Yo no creo que es* exagerado* esta frase. En mi colegio los estudiantes no comen bien. No quieren comer la comida que da el colegio en el medio del dia* por que* no les gustan*. La campana* de Jamie Oliver para cambiar la comida en los colegios en Inglaterra es bueno*, pero no tiene mucho exito*. Los estudiantes prefieran* comer las patatas fritas y chocolates* y cosas como éso*. Esto es peligroso por que* no tendrán buena salud en el futuro. Me gusta más no comer y beber demasiado porque nuestro organismo necesita de todo un poco para estar sano; lo que es verdaderamente malo son los excesos.

Mi punto de vista personal es que la gente deben* seguir la Dieta* Mediterránea*, que tiene frutas, legumbres y pescado como sus principales ingredientes, por qué* yo soy vegetariana. La gente que comen* este* dieta viven* mucho más tiempo que ellos* que comen la comida basura. Así* no son exagerados los peligros de la comida basura.

232 palabras

e Analysis of performance at grade E

This is a below average performance, which merits little more than a pass at this level. It contains a great deal of linguistic error (see asterisks) and is written in basic, often anglicised language. The student does not begin to respond directly to the terms of the question until the second paragraph, and then there is some digression and only very limited development of ideas. The essay does not have a clear plan, lacking a logical sequence of ideas. Some of the vocabulary used is limited and repetitive but it is in general relevant to the topic chosen. The student lifts a sentence directly from one of the headline stimuli, which is unwise, although she does manage to make this relevant to the context. The essay is of average length.

Edexcel

To perform well in this type of question you need to:
- ensure that you give due weight to each of the bullet points that have to be addressed
- keep to the word limit, because any material that exceeds it may not be taken into account and marks could be lost
- begin and end a letter correctly, where appropriate
- make use of vocabulary from the stimulus but avoid 'lifting' wholesale

Task 1 — The world around us

Travel

Una avería deja parado durante tres horas un tren AVE en Córdoba

Escenas de tensión entre los 269 pasajeros encerrados sin aire acondicionado.

Un tren AVE con 269 pasajeros a bordo quedó ayer parado hacia las diez y media de la mañana en la sierra de Córdoba durante tres horas. Un portavoz de Renfe afirmó que el suceso se debió a "una avería eléctrica". El tren se quedó sin tensión y esto impidió que funcionasen los sistemas de aire acondicionado. Tres vagones del convoy quedaron dentro de un túnel.

Adaptado de "Una avería deja parado durante tres horas un tren AVE en Córdoba", *El País*, 24 de julio de 2006

Viajabas de Córdoba a Madrid como pasajero en este tren AVE. Escribe un artículo en el que describes lo que ocurrió. Menciona:
- cómo reaccionaron los pasajeros cuando el tren se paró
- lo que tú hiciste
- lo que hicieron los empleados de Renfe para mejorar la situación de los pasajeros
- en tu opinión, cómo se pueden evitar tales averías

Debes escribir unas ***200–220 palabras*** **EN ESPAÑOL.**

Task 2 — The world around us

Environmental issues

Un incendio obliga a desalojar a 1.500 viviendas y un hotel

El cuarto incendio registrado en Conil (Cádiz) en ocho días volvió a cercar la urbanización de Roche. Los efectivos lograron evitar que el fuego entrara en las casas. Hubo

---

nuevos desalojos de unos 1.500 chalés de la zona y del hotel Confortel, ocupado por 700 clientes. El último fuego se inició casi simultáneamente en tres focos distintos, lo que hace sospechar que fue intencionado. Dos bomberos aseguraron haber visto a dos jóvenes en una moto prendiendo fuego, pero, sobre las diez de la noche, no se había producido ninguna detención.

Adaptado de "El cuarto incendio en ocho días en Conil obliga a desalojar 1.500 viviendas y un hotel", *El País*, 19 de julio de 2006

Te alojabas en el hotel Confortel con tu familia cuando ocurrió este incendio. Escribe una carta a tu amigo/a español/a en la que describes lo que pasó. Incluye:
- lo que pasó cuando el fuego se acercó al hotel
- cómo reaccionaron los miembros de tu familia
- en tu opinión, quién fue responsable del incendio
- cómo se puede evitar que ocurran tales incendios otra vez

Debes escribir unas *200–220 palabras* **EN ESPAÑOL**.

Sample answer to Task 2

[*] Hola Juana!

Yo y mi familia pasaron* unos días en Cádiz la semana última* cuando el fuego se acercó al hotel. Fue* panico* total. El gerente del hotel nos ha dicho* que debemos* evacuar el hotel immediatemente* pero estuvimos* en el piso el* mas* alto y es* necesario bajar por la escalera porque el ascensor no funciona*.

Mi padre miraba el fuego por la ventana y me ha dicho* que no hay peligro verdaderamente. [*] El* es bombero! Mi padre quiere* ayudar el* gerente para luchar* el fuego en los jardines del hotel. Pero yo, mi madre y mi hermano mas* pequeño tenían* miedo y queremos* escapar. Hemos ido* a la escalera y hemos bajado* rapidamente*. Mi hermano cae* cuando escapamos. Tiene que ir al médico por que* todavia* le duele su* pie.

Leí en el periodico* que dos jóvenes prendieron fuego y que causan* más fuegos antes. No puedo creerlo. [*] Quieren culpar a jovenes* porque no tienen trabajo! [*] Sería mejor buscarles trabajo! Personalmente creo que el fuego comenzó porque hacía mucho calor.

Es dificil* ver como* puedemos* evitar tales incendios por que* hace mucho sol en España. Si gente son* más vigilantes y no dejan cigarillos* en el bosque, yo creo que es* mejor.

Un beso,

Clara

209 palabras

Analysis of performance at grade C

Language and **content** are allocated equal marks for this task. It is very important to ensure that the bullet points are covered, since a good content mark can compensate somewhat for a weak language performance.

Language

An average performance. The response communicates well but there are a number of elementary errors that could have been avoided (see asterisks). Some of these are relatively minor, e.g. missing exclamation marks, missing accents (*periodico*, *mas*, *dificil* etc.); some are incorrect spellings (*immediatemente*, *cigarillos*, *puedemos*); others are more serious, such as incorrect tenses: the perfect tense is used several times when the preterite is more appropriate (*ha dicho, hemos ido* etc.) as is the present (*funciona* for *funcionó*). Vocabulary is mostly correct, with some exceptions such as *última* for *pasada*. Some serious common errors creep in: the superlative *el piso el más alto* should not contain a definite article, *tenían* should be in the first person plural and *gente* should be preceded by the definite article and followed by a singular verb. The candidate tends to be over-reliant in places on the language of the text or the guidance points.

On the positive side, the candidate does communicate the message by writing clearly and in fairly simple, direct language. Most of the forms of the verbs are accurate. The beginning and end of the letter are in the appropriate register.

Content

A good performance. The candidate has to invent some factual narrative and give opinions. She has clearly addressed all four stimulus points, the content is appropriate and the structure of the answer clear. The more factual points 1 and 2 are stronger, containing some good details, effectively related. She has a lively reaction to point 2, which does not take an obvious line. Point 3 is not answered directly and point 4 (paragraph 4) contains an unconvincing initial statement, followed by two sensible solutions.

The candidate has kept to the limit of 200–220 words. This limit aims to ensure that the candidates write in a disciplined, concise manner in answer to precise points. If the word limit is exceeded a penalty is usually imposed by the examiner. It is therefore important to ensure that the last paragraph, which might well contain the response to the fourth bullet point, does not fall outside the word limit. If it does, the candidate's content mark will be reduced.

OCR

Section A

Writing task based on a listening stimulus

To perform well in Section A, *Listening and Writing*, you must:
- read the instructions carefully before you put pen to paper
- be careful not to digress from the specific instructions of the memo
- write the letter by 'transferring the meaning' of the instructions. This does not necessarily mean translating the instructions; you have some licence to use words and expressions in Spanish that communicate the meaning but do not correspond literally to the English.

Note: Please note that Task 1 is linked to Script 11, page 28, in the AS Listening section.

Task 1

You work for a multinational engineering company SOLGAS. You receive the following memo from your boss, Mr Rayner, concerning a meeting with a group of Spanish engineers. Your task is to write the letter he requires IN SPANISH, including the following points:
- Thank Sra. Laurenzana Blanco for her letter of 3 October.
- We are delighted that they would like to share their experience with us.
- Our company will provide the group with a van for their stay but, unfortunately, we do not have translators.
- We would be very pleased to offer them dinner, but I cannot attend any other meal personally as I have to leave for an important trip early the next morning.
- We are looking forward to the meeting and wish them a pleasant journey.

(5 marks for Communication and 5 marks for Quality of language)

Estimada Sra. Laurenzana Blanco:

....

....

....

....

....

....

....

```
.........................................................................................................................
.........................................................................................................................
.........................................................................................................................
.........................................................................................................................
.........................................................................................................................
.........................................................................................................................
```

Con un muy cordial saludo,
Martin Rayner

Sample answer to Task 1

Le agradezco para* su carta del 3 de octubre. Estamos muy contentos que quieren* participar* su experiencia con nosotros. Nuestra empresa puede entregar* al grupo un coche* para vuestra* estancia en este país. Desafortunadamente, no tenemos traductores para acompañarles. Es posible* ofrecerles una cena, con mucho gusto, pero yo personalmente no puedo atender* porque tengo que salir* para un viaje importante temprano la mañana del día después*. Tengo muchas ganas de encontrarles*. [*]Que tengáis* un viaje agradable!

e Analysis of performance at grade C

The candidate makes a good effort to communicate the content of the letter: the instructions are followed carefully and there is hardly any loss of information in the Spanish version. Performance in language, however, is only average, with some serious lapses, and approximations in the vocabulary chosen (see asterisks). A subjunctive should have been used after *estamos contentos*; *entregar*, *coche*, *salir* and *encontrar* are too imprecise, although they do just convey the meaning; the use of *participar* and *atender* leads to a breakdown in communication. Incorrect register (the use of the *vosotros* form of address) occurs on two occasions, a serious error in this kind of task.

Tasks 2 and 3 Section B

Writing task based on a reading passage
To perform well in Section B, *Reading and Writing*, you must:
- read the stimulus passage and the three questions carefully, and work out a reasoned response, based on the content of the passage
- for questions (1) (a) and (b), select detail from the passage and interpret the writer's views on the question of children's education (Task 2) and of doping (Task 3)
- for question (2), express your own opinion on a debatable topic brought up by the writer
- stick to the terms of the question set and not digress

Topic: Education and training (school and school life)
Lee este artículo. Basándote en el texto, haz las tareas que siguen **EN ESPAÑOL.**
Intenta utilizar tus propias palabras. Tienes que escribir un mínimo de 200 palabras
y recomendamos un máximo de 300 palabras.

"No se puede pretender que los niños hiperactivos estén quietos en clase"

Un niño incansable, que dice cosas en alto sin que vengan a cuento en mitad de la
clase, que se levanta en cualquier momento al otro extremo del aula para comprobar
qué es eso que sobresale en la mochila de un compañero...

Éstos son los comportamientos habituales en los niños con trastorno por déficit de
atención e hiperactividad. Estos niños, entre el 6% y el 9% de la población, incapaces de
fijar su atención y controlar sus impulsos, se enfrentan, sobre todo a un posible fracaso
escolar. Que un profesor sepa responder a sus necesidades no sólo puede evitar ese
fracaso, sino que favorecerá un buen clima de trabajo.

La psicóloga Trinidad Bonet asegura que "entre los profesores falta la información
para responder a estas necesidades. Lo primero, que no intente que el niño hiperactivo
se esté quieto. Hay que ver qué cosas puede hacer para que se levante sin interrumpir
la clase: que sea el encargado de borrar la pizarra o de cerrar la puerta. El profesor debe
ser flexible para organizarles el trabajo y hacerles los exámenes. No se puede dar las
cinco preguntas juntas, porque no lo hacen. Hay que darle primero una en una hoja,
y darle tiempo para contestarla. Cuando termine, se le da la siguiente en otra hoja.

Estos niños no son conscientes de lo que hacen mal. Es como si supieran hacer una
cosa pero en el momento de hacerla no pueden. El fracaso escolar y otros problemas
van a depender mucho del contexto social, de su familia, pero es importante siempre
buscar cosas en la que sean buenos precisamente por ser hiperactivos, el factor
positivo. Por ejemplo, que haga deporte, ¿no es el que más trepa? ¿Por qué no está
entrenando ya?"

Adaptado de "No se puede pretendar que los niños hiperactivos estén quietos en clase", *El País*, 6 de
noviembre de 2006

Task 2

Debes basar tus respuestas en el texto.

(1) a ¿Cuál es el comportamiento habitual del tipo de alumno que se describe
en el artículo?

 b Según la psicóloga, ¿cómo se pueden remediar los problemas de este
tipo de alumno?

(2) Ahora da tus opiniones.
En tu opinión, ¿qué importancia tienen el contexto social y la familia en la
educación de los niños?

Topics: Aspects of daily life (health)/Leisure and entertainment (sport)
Lee este artículo de un periodista español. Basándote en el texto, haz las tareas que siguen EN ESPAÑOL. Intenta utilizar tus propias palabras. Tienes que escribir un mínimo de 200 palabras y recomendamos un máximo de 300 palabras.

¿Lucha contra la droga o lucha contra el deporte?

Seguramente muchos os habréis enterado del jugador de fútbol del Sevilla F.C. que recientemente sufrió un infarto en pleno partido. La única explicación que he oído a un médico en los medios oficiales es que tenía un problema en el corazón que no había sido detectado. Como en los últimos años, unos cuantos futbolistas han sufrido ataques parecidos, parece obvio que algunos periodistas siguieran la pista del *dóping*, esa palabra que tanto se utiliza para los ciclistas y los atletas, pero que es prácticamente tabú en el caso del fútbol.

Los que tengan mejor memoria recordarán que en el atletismo, anteriormente, había récords que duraban 15 o 20 años, y a partir de entonces, empezaron a cambiar cada año... Se hablaba de "la mejora en los métodos de entrenamiento" y de "la ayuda médica". La tecnología hacía progresar al ser humano: no había duda.

En este tiempo ha habido muchos infartos de ciclistas recién retirados o maratonianos en plena competición y otros que han tenido problemas con las drogas y han acabado suicidándose.

¿Adónde nos lleva esto?

Por un lado, se puede afirmar que no ha existido progreso significativo en el deporte: lo que ha existido es una evidente progresión en el campo de la medicina. Es decir, en el dóping. Físicamente, el ser humano es un poco más alto que hace cincuenta años, pero poco más... Se sigue cansando igual cuando corre, lo que pasa es que ahora se le inyectan algunos productos que hacen que se recupere antes y pueda entrenar más.

No os engañéis: el deporte de alta competición, en realidad, es malo para la salud (eso lo sabe todo el mundo que ha competido). Si quieren luchar contra la droga, que luchen contra el deporte de masas.

Adaptado de "Rafapal" (blog), 28 de agosto de 2007, www.rafapal.com/?p=107

Task 3

Debes basar tus respuestas en el texto.

(1) a Explica lo que pasó con el jugador de fútbol y lo que hicieron algunos periodistas como consecuencia.

   b Según el escritor, ¿a qué se debe el progreso que hemos hecho en el deporte?

(2) Ahora da tus opiniones.

   ¿Qué opinas de la declaración del escritor, que "el deporte de alta competición es malo para la salud"?

Sample answer to Task 3

(1) a El jugador de fútbol sufrió un ataque de* corazón mientras jugaba y el doctor del club no sabía lo que pasó. Como consecuencia la prensa sospechaba que el jugador había tomado una droga ilegal para mejorar su rendimiento deportivo y algunos periodistas comenzaron a investigar esto como si fuera un caso de dóping.

b El escritor cree que muchas* deportistas no pueden resistir la tentación de tomar sustancias ilegales para mejorar su rendimiento. Por eso parecen haber hecho mucho más progreso en años recientes que en el pasado. Dicen que esto es resultado de los mejores métodos de entrenamiento. Pero mientan*. Lo que sí ha avanzado es la medicina, y el progreso de los atletas y los ciclistas es debido a las inyecciones de productos que den la posibilidad de recuperarse más rápidamente y de hacer más entrenamiento.

(2) No estoy completamente de acuerdo con esta declaración, pero es verdad que los deportistas famosos corren riesgos muy graves de dañar su salud si toman droga. Es posible que el jugador de fútbol de que habla el periodista ha* tomado drogas y su salud sufre* como resultado; sabemos también que algunos ciclistas famosos han muertos* como una consecuencia de tomar sustancias ilegales. El ganador del Tour de France en 2006 fue descalificado por tomar drogas, y no sabemos cómo esto va a afectar a su cuerpo.

Por otra parte, muchos deportistas famosos rechazan las drogas públicamente y a veces aun denuncian a colegas que sean culpables de esto porque dan un* imagen muy malo* al deporte y pone en peligro su futuro. Estos deportistas "limpios" de la alta competición no van a tener infartos como consecuencia de hacer deporte hasta este nivel. Al contrario, los deportes les dan vigor, fuerza y control del cuerpo; estos* son saludables y ventajosos para el cuerpo.

299 palabras

Analysis of performance at grade A

To perform well in this question students must read the stimulus passage and the three questions carefully, and work out a reasoned response. Questions 1 (a) and (b) require you to select facts and respond to the writer's views on the question of doping from the passage; question 2 invites you to express your own opinion on a debatable topic brought up by the writer. It is very important to stick to the terms of the question set and not to digress.

This is a very good performance, showing a consistently high level in comprehension, response and language. The student answers relevantly, including as many points as he can reasonably be expected to write in three relatively short answers. He uses his own language, attempting to re-formulate the language of the passage; in so doing, he makes very few grammar or syntactical errors (see asterisks) and employs a good range of structures, some of them quite complex for this level.

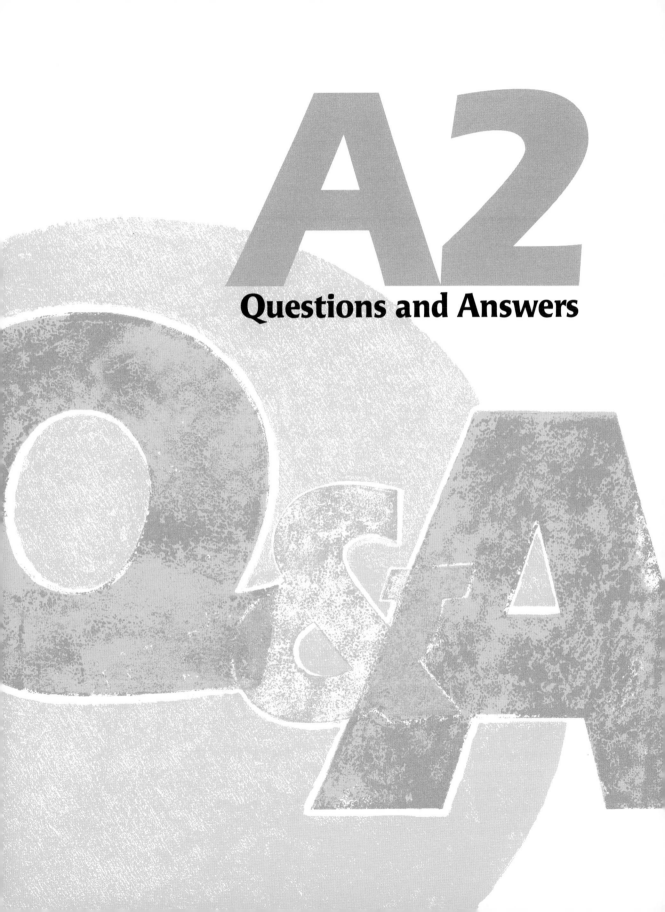

A2

Questions and Answers

A2 Listening

*T*his section focuses on listening at A2, and features six scripts. There are three monologues and three dialogues; half the scripts refer to Spain and half to Spanish America. Each script contains one task. These are followed by a sample answer with its grade and explanations on the performance. Where appropriate, there are **examiner notes** to draw attention to aspects of the script that could be difficult.

The scripts feature authentic pieces, typically dealing with topics that are normally set by the boards from 2008 onwards, and are in the form of announcements, advertisements, interviews, radio talks, discussions, broadcasts etc.

Notes on assessment

You should be aware that from 2008 onwards, each board will approach the assessment of this skill differently:
- **AQA** incorporates it into one paper called *Unit 3: Listening, Reading and Writing*, which lasts for 2 hours and 30 minutes in total. The listening part is included in **Section A**, and consists of three to five passages, which last from 1 to 2 minutes each, with one activity per piece. You are advised to allocate 30 minutes to complete this section of the paper. The maximum mark for this part is 25, out of a total of 110 for the whole paper.
- **Edexcel** does not examine listening at A2. It is advisable, however, that you keep practising this skill, as it provides valuable input for your speaking and writing skills, which are assessed by this board at this level.
- **OCR** incorporates listening into one paper called *Unit F724: Listening, Reading and Writing 2*, which lasts a total of 2 hours and 30 minutes. **Sección A** is for listening, and it features two audio samples of approximately 1 to 4 minutes duration each, which you can play as many times as you want, although you are advised to take 30 minutes for this section of the paper. One question will require answers in English, the other answers in Spanish. The maximum mark for this part is 45, out of a total of 140 for the whole paper.

Pointers for a good performance

In order to perform well in the listening examination at A2 it is advisable that you:
- Ask your teacher, a Spanish language assistant or a native speaker of the language to record the following scripts so that you can work on them before checking the answers and analyses provided. That will give you a realistic idea of how the pieces transcribed are assessed.
- Practise listening for gist a few times before attempting detailed listening. It is a common error to focus on individual words or phrases and stop the audio before the end of a sentence, therefore taking them out of context.
- Make sure you understand what the questions require so that you answer appropriately.

- Try not to focus too much on key words when you choose an answer (e.g. in a multiple choice), as words that occur in the listening piece are used in both the correct and incorrect statements provided in the exercises.

AQA

The following four transcripts are representative of the listening part of AQA's examination at A2. As pointed out above, they last from 1 to 2 minutes each and require mainly non-verbal answers (i.e. you do not need to write many words or sentences, but rather fill in numbers or mark your choice).

You can play the audio as many times as you wish, but you are advised by the board to take only 30 minutes to complete the section; it is also advisable that you listen to whole sections of the recording a few times before stopping it to focus on a part of a sentence or a word.

Script 1 Monólogo La política y las relaciones

Length of passage: 1 minute 12 seconds

¡Si el mismo Rey lo dice!

Hubo un gran revuelo hoy en la última sesión plenaria de la XVII Cumbre Iberoamericana que se realiza en Santiago de Chile. La discusión involucró al presidente del Gobierno español, José Luis Zapatero, al presidente de Venezuela, Hugo Chávez y ¡al mismísimo rey de España!

El incidente tuvo lugar cuando Zapatero estaba interviniendo para pedirle a Chávez que respetase al ex presidente del Gobierno español, José María Aznar, a quien el mandatario venezolano llamó "fascista" en repetidas ocasiones.

Un calmo Zapatero dijo que se podía estar totalmente en contra de una posición ideológica, y que él no será quien esté cerca de las ideas de Aznar, pero que ese ex presidente había sido elegido por los españoles. "Exijo ese respeto", concluyó.

Sin embargo, el gobernante venezolano no paró de hablar, intentando interrumpir mientras defendía su derecho a expresar su opinión.

Entonces, el rey de España, el único jefe de Estado que ha participado en todas las cumbres, visiblemente irritado, instó a Chávez a dejar hablar a Zapatero diciéndole:

"¿Por qué no te callas?"

El presidente venezolano se justificó acusando a Aznar de apoyar el golpe de Estado que intentó derrocarle en 2002.

¡Esperemos no estar ante una crisis diplomática!

Adaptado de "¿Por qué no te callas?", *BBCMundo.com*, 10 de noviembre de 2007

Task

Escucha este comentario de una emisora de radio española sobre un incidente de relaciones internacionales y completa el ejercicio a continuación.

Abajo tienes ocho frases (1–8). Tú debes decidir, según la información oída, si las frases son verdaderas (V), falsas (F) o no mencionadas (N). Escribe V, F, o N en la casilla.

	V/F/N
(1) El incidente ocurrió en una reunión donde estaban todos los presidentes hispanos.	☐
(2) La disputa empezó cuando un presidente acusó a otro mandatario de ser despótico.	☐
(3) El actual Presidente del Gobierno español, Zapatero, declaró que apoyaba las ideas del ex presidente, Aznar.	☐
(4) Zapatero pidió respeto hacia su propio gobierno.	☐
(5) El Presidente de Venezuela, Hugo Chávez, exigió ser escuchado.	☐
(6) El rey de España pidió al Presidente del Gobierno español que se callara para escuchar al Presidente de Venezuela.	☐
(7) En Venezuela hubo un intento de golpe de Estado pero el ex presidente español no se opuso, según Chávez.	☐
(8) Los gobernantes que se pelearon han solucionado sus relaciones diplomáticas.	☐

Answers

(1) N, **(2)** V, **(3)** F, **(4)** F, **(5)** V, **(6)** F, **(7)** V, **(8)** N

Script 2 Entrevista El medio ambiente

Length of passage: 1 minute 16 seconds

En la capital colombiana sin carro

Suena radical, señor Secretario: ningún vehículo particular podía transitar por las calles de Bogotá este jueves entre las 6:30 de la mañana y las 7:00 de la noche.

Bueno, si se miran algunas cifras, la cosa no es tan grave. Según estadísticas de la Secretaría de Tránsito de Bogotá, el 77,4% de los bogotanos se desplaza diariamente en transporte público y sólo el 17,9% lo hace en carros particulares.

Pero nuestra impresión es de que hay muchos más carros privados que públicos. ¿Cómo es eso?

Es que los poco más de un millón de autos privados que hay en Bogotá ocupan diariamente casi el 42,15% de las vías, mientras que el transporte público apenas usa el 25,9%.

¿Hay beneficios para los habitantes?

Este jueves no había congestión en las calles, hubo menos ruido, más gente caminando, miles de usuarios de los 315 kilómetros de ciclo rutas que hay en la ciudad y, según el diario *El Tiempo*, los bogotanos están quemando más de 100 millones de kilocalorías. ¡Ah! Y tampoco se disparan las alarmas de los autos cada minuto como suele suceder en esta ciudad, que diariamente se la toma* el ruido.

¡Esto del "día sin carro" parece una medida ideal! Gracias.

*se la toma = es inundada por

Adaptado de "En la capital colombiana sin carro", Hernando Álvarez, *BBCMundo.com*, 2 de febrero de 2006

Task

Escucha la información sobre las medidas para el "día sin carro" en Bogotá y contesta las ocho preguntas (1–8). Escribe la cifra apropiada en el espacio provisto, como en el ejemplo.

	número
Ej. Hora desde la cual no podía transitarse con vehículo particular por las calles de Bogotá.	**6.30**
(1) Hora en la que termina la prohibición de circular con coche en la capital colombiana.	
(2) ¿Qué porcentaje de la población de la capital colombiana usa transportes públicos?	
(3) ¿Qué porcentaje usa sus propios coches?	
(4) Número aproximado de coches particulares que hay en la capital.	
(5) ¿Qué porcentaje de caminos usan los autos privados cada día?	
(6) ¿Cuál es el porcentaje de vías que usan los medios públicos de transporte?	
(7) ¿Cuántos kilómetros pueden recorrerse en bicicleta?	
(8) ¿Cuántas kilocalorías adelgazan los bogotanos gracias a esta medida?	

Sample answer at grade A

(1) 7 ✗

e The answer refers to the morning, and it is the evening.

(2) 77,4 ✔   **(4)** 1.000.000 ✔   **(6)** 25,9 ✔

(3) 17,9 ✔   **(5)** 42,15 ✔   **(7)** 350 ✗

🄴 Misinterpretation of the number.

(8) 100.000.000 ✔

Answers

(1) 19.00 (7 not accepted, as it refers to the morning)   **(5)** 42,15

(2) 77,4   **(6)** 25,9

(3) 17,9   **(7)** 315

(4) 1.000.000   **(8)** 100.000.000

Script 3 Entrevista   El impacto del progreso científico y tecnológico

Length of passage: 1 minute 5 seconds

El hospital del futuro

¡Bienvenidos al hospital Son Llàtzer, uno de los más modernos de España! Está en Palma de Mallorca y es pionero en la informatización de sistemas. Hablamos con su Director Gerente, José María Campuzano. ¿Es éste un hospital totalmente automático?

Bueno... somos prudentes y decimos que el 95% de los procesos está informatizado, pero lo cierto es que es prácticamente el 100%. Somos conocidos como "el hospital sin papeles", y la verdad es que podríamos funcionar sin ninguno, salvo el consentimiento informado que deben firmar los pacientes.

¡Impresionante! ¿Y cómo trabajan los médicos?

Además de las redes de Internet, tanto por cable como inalámbrica, se trabajan con la PDA y el tablet PC. La PDA es un dispositivo que cabe en un bolsillo y el tablet PC es algo más pequeño que un portátil y tiene una pantalla táctil similar a la de la PDA. Los médicos trabajan en las habitaciones con la agenda electrónica, desde donde acceden a la información, los diagnósticos o el tratamiento que sigue un paciente. Además permite al especialista pedir pruebas, recetar medicamentos o añadir comentarios, o sea que ya no es necesario escribir una historia clínica.

¡Es realmente el hospital del futuro!

Adaptado de "Un hospital sin papeles", Cristina de Martos, *elmundo.es SALUD*, 21 de abril de 2006

Task

Escucha la entrevista referida a los avances de un hospital español y completa el ejercicio a continuación. Selecciona la alternativa A, B o C para completar la frase. Escribe A, B o C en la casilla.

(1) El hospital Son Llàtzer:

   A es el más automático de Mallorca.

   B es el primero de Palma de Mallorca.

   C es innovador y se encuentra en Mallorca. □

(2) Su director opina:

   A que puede realizar casi todo de forma informática.

   B que se ha eliminado el 95% de los procesos burocráticos.

   C que no es prudente informatizar el 100% de los procesos. □

(3) La fama de este hospital viene de que:

   A sus pacientes dan consentimiento vía e-mail.

   B no hacen falta papeles, excepto una firma escrita de los pacientes.

   C no hay papeles en absoluto, y tienen el consentimiento de la comunidad. □

(4) Los médicos:

   A trabajan con ordenadores totalmente sin cables que se conectan entre ellos.

   B usan Internet y ordenadores muy fáciles de transportar.

   C ponen en el bolsillo del paciente un dispositivo inalámbrico, o PDA. □

(5) Para hacer el seguimiento de los pacientes:

   A se obtiene información electrónicamente en la habitación.

   B no es necesario ir a las habitaciones, todo se hace por vía electrónica.

   C se realizan diagnósticos electrónicos automáticos. □

(6) Con una agenda electrónica:

   A se prueba la eficacia de los medicamentos y se modifica la historia clínica.

   B sólo se dispensan medicamentos y se escribe la historia clínica.

   C los médicos pueden eliminar por completo la historia clínica. □

Answers

(1) C, **(2)** A, **(3)** B, **(4)** B, **(5)** A, **(6)** C

Script 4 Monólogo **Las leyes y el orden**

Length of passage: 1 minute 1 second

Un robo muy "amigable"

La policía rodeaba el Banco Río en Acassuso, Buenos Aires, mientras la banda violentaba las cajas de seguridad y hacía un boquete en una pared para escapar por un túnel. Mientras, los rehenes esperaban a que todo terminara.

Pero sucedió algo inesperado, como relató Estela, una abogada:

"Al principio debimos entregar los celulares a los ladrones y al escuchar que el mío sonaba reiteradamente le comenté a otra rehén que me estaban llamando a mí porque era mi cumpleaños.

"Uno de los ladrones me escuchó y al ratito vinieron otros, me preguntaron el nombre y empezaron a cantarme: ¡Que los cumplas feliz, que los cumplas Estela, que los cumplas feliz!

"Era gente con buen trato, parecían muy seguros de lo que hacían y en ningún momento nos hicieron sentir mal".

Ella reconoció además que tuvo la fortuna de que la caja de seguridad que posee en esa sucursal no fue saqueada por los ladrones.

Antes de escapar con el botín por el túnel, los asaltantes dejaron un mensaje que decía: "En barrio de ricachones, sin armas ni rencores, es sólo plata y no amores" sobre tres réplicas de pistolas en el piso de la bóveda, para aclarar que no habían utilizado armas de fuego.

Adaptado de "Durante el robo al banco festejaron un cumpleaños", *Clarín, Policiales*, 1 de febrero de 2006

Task

Escucha el relato de un evento inesperado en un banco de Buenos Aires y completa el ejercicio a continuación. Hay una lista de diez frases, (1–10), de las cuales sólo *cinco* son correctas. Pon una cruz (X) en las casillas de las *cinco* frases correctas.

	X
(1) El barrio Acassuso está al lado de un río y tiene muchos bancos.	☐
(2) Los ladrones del banco se prepararon para escapar por un túnel.	☐
(3) Los ladrones no recogieron el teléfono de Estela, la abogada.	☐
(4) Al escuchar que sonaba su celular, Estela explicó por qué a otra persona.	☐
(5) Los delincuentes felicitaron a una rehén por su cumpleaños.	☐
(6) Ellos estaban seguros de que cooperarían y les darían todo su dinero.	☐
(7) Como era su cumpleaños, los ladrones no robaron a Estela.	☐

(8) Se llevaron toda la fortuna del banco.	☐
(9) Los delincuentes escribieron un verso para que se leyera después del robo.	☐
(10) Ellos no dispararon, y dejaron tres armas falsas con una nota.	☐

Answers

(2), **(4)**, **(5)**, **(9)**, **(10)**

OCR

The following transcripts and exercises are representative of the listening part of OCR's examination at A2. As explained in the introduction, they last from 1 to 4 minutes and require answers to open-ended questions in English or in Spanish.

You can play the audio as many times as you wish, but you are advised by the board to take only 30 minutes to complete the section. Again, in order to avoid confusion you should listen to whole sections of the recording a few times before stopping it to focus on a part of a sentence or a word.

As a rule, this board sets one short audio and one long one. We therefore provide you with a task that refers to the short transcript *Un robo muy "amigable"* that precedes this section and then with two long transcripts with their respective tasks and answers.

Task

Las leyes y el orden: Un robo muy "amigable"
This task is based on the transcript on page 90.

Escucha la grabación y contesta a las siguientes preguntas EN ESPAÑOL.
(20 puntos por comprensión y 5 por calidad de lengua)
(1) ¿Dónde ocurrió el incidente y qué querían hacer los delincuentes?
(2) ¿Qué hicieron los ladrones en un principio?
(3) ¿Qué debieron hacer los rehenes mientras esperaban?
(4) ¿Qué sucedió con Estela y qué hizo ella?
(5) ¿Qué acto curioso sucedió después de esto?
(6) ¿Cómo eran los delincuentes de carácter y cómo se comportaban?
(7) ¿Qué ocurrió con el dinero de Estela?
(8) ¿Qué hicieron los ladrones antes de irse? ¿Para qué?
(9) ¿Por dónde escaparon los ladrones?

Sample answer at grade C

(1) Occurió en Buenos Aires ✔ y los delincuentes querrían robar. ✔

e Despite error with tense, enough detail for both marks.

(2) Robaban las caxas de seguridad ✔ y hacían un túnel. ✔

e Understood and explained in general terms.

(3) Debieron dar sus teléfonos celulares a los ladrones. ✔

e Correct, detailed answer.

(4) No entregó su celular ✗ y sonaba mucho ✔ para su cumpleaños. ✔

🅔 Partly misunderstood.

(5) Los ladrones ✔ la cantaron ✔ el Cumpleaños Feliz. ✔

🅔 Enough level of detail for all marks to be awarded.

(6) Era gente con buen trato, ✗ parecían muy seguros de lo que hacían ✗ y en ningún momento ✗ nos hicieron sentir mal. ✗

🅔 Answer completely lifted from the audio. No marks.

(7) Los ladrones llevaron su fortuna. ✗

🅔 Misinterpreted.

(8) Escribieron una graffitti ✗ que insultaba a los ricachones ✗ y dejaron sus armas. ✗

🅔 Irony and humour of the note and the fake arms not understood.

(9) Lo hizieron por un túnel. ✔

Comprehension: 11
Language: 3
Total: 14 marks out of 25

Answers

(1)	Ocurrió en el Banco Río de Acassuso, en Buenos Aires,	(1)
	y se trataba de un robo.	(1)
(2)	Violentaban las cajas de seguridad	(1)
	y hacían un túnel en la pared para escapar.	(1)
(3)	Debieron entregar sus teléfonos celulares (HA)/móviles (E) a los ladrones.	(1)
(4)	Su teléfono celular sonaba mucho	(1)
	y entonces ella comentó a otra rehén	(1)
	que la llamaban por su cumpleaños.	(1)
(5)	Uno de los ladrones escuchó que era el cumpleaños de Estela	(1)
	y todos empezaron a cantarle	(1)
	el Cumpleaños Feliz.	(1)
(6)	Eran muy amables	(1)
	y seguros,	(1)
	y trataban muy bien	(1)
	a los rehenes.	(1)
(7)	Su caja en esa sucursal no fue robada.	(1)
(8)	Dejaron una nota	(1)
	sobre réplicas de pistola	(1)
	para demostrar que no habían utilizado armas de fuego.	(1)
(9)	Lo hicieron por un túnel.	(1)

Script 5 Monólogo Inmigration

Escucha la transmisión de las últimas noticias y completa los ejercicios a continuación.

Length of passage: 2 minutes, 36 seconds

Canarias desborda de inmigrantes

Presentador: Las últimas noticias sobre la avalancha de sin papeles:

El Consejo de Ministros decidió ayer pedir apoyo logístico a la Unión Europea, de medios marítimos y aéreos, para controlar y frenar la llegada masiva de inmigrantes indocumentados a las costas españolas, particularmente en Canarias. Lo anunció la vicepresidenta primera del Gobierno. La mandataria calcula que en julio ya estará actuando una red de patrulleras, y dentro de unos meses se establecerá un sistema de vigilancia electrónica en la frontera sur. Asimismo, anunció que a comienzos de junio, una delegación del Parlamento Europeo visitará Fuerteventura y Tenerife.

Vicepresidenta: "Es evidente que quienes llegan a España llegan también a Europa. Tenemos, por tanto, el empeño desde hace mucho tiempo en que nuestros socios de la Unión Europea asuman con nosotros el problema".

Presentador: Ayer, un día después del mayor desembarco de inmigrantes indocumentados que se recuerda en Canarias (648), los centros de internamiento del archipiélago se encontraban desbordados. Albergan ya a 3.453 subsaharianos. Sólo en los sótanos de la comisaría de Arona, al sur de Tenerife, se hacinaban por la mañana 782 personas. Para aliviar la presión que soporta esta isla, el Ministerio del Interior ha abierto un campamento provisional en el cuartel militar de La Isleta, en Gran Canaria, adonde han sido trasladados 600 inmigrantes. Además, cerca de 400 han sido derivados a la Península en los últimos 10 días.

La situación más apurada se vivía en los sótanos de la comisaría del sur de Tenerife. Los agentes, que arrastran sueño atrasado desde hace semanas, se esforzaban en hacer lo menos incómoda posible la situación de los internos. Contrataron con un restaurante de la zona el suministro de miles de botellas de agua, bocadillos y bollos e instalaron cinco aseos portátiles que, sumados a los tres existentes en los calabozos, suponían una media de un retrete para cada cien subsaharianos. Éstos se hallaban tumbados en colchonetas extendidas en el suelo. El olor de sus cuerpos y el murmullo de sus conversaciones llegaban hasta la calle.

La ley estipula que los inmigrantes no pueden permanecer más de 72 horas en comisaría, y ese plazo se está cumpliendo escrupulosamente, según certifica el comisario Luis Carrión. Él explica el atasco que soporta su comisaría:

Luis Carrión:	"Todos los inmigrantes deben esperar la autorización judicial para ser trasladados a los centros de internamiento. Y los jueces también están sobrecargados de trabajo".

Adaptado de "El Gobierno pide apoyo a la UE ante la llegada masiva de 'sin papeles' a Canarias", L. R. Aispeolea y T. Bárbulo *ElPais.es*, 20 de mayo de 2006

Task

Answer the following questions IN ENGLISH.

(1) What type of support has the Consejo de Ministros asked for? (1)

....

(2) How, specifically, will they improve their vigilance? (1)

....

(3) What is the Vice-President concerned about? (1)

....

(4) Explain in detail what these two numbers of illegal immigrants refer to, and where they are being detained:

    a 782 people: (1)

....

    b 600 people: (1)

....

(5) Why have the police officers lost a lot of sleep? (1)

....

(6) Why was the situation in that place still unhygienic? (1)

....

(7) How long can illegal immigrants be detained for by law? (1)

....

(8) What is needed for the immigrants to be moved? Why is that delayed? (2)

....

(10 marks)

Sample answer at grade A:

(1) It asked the EU for sea and air support to stop the arrival of immigrants. ✔   (1)

> **e** A good answer, lacking minor detail only.

(2) There will be more police and electronic surveillance. ✔   (1)

> **e** Sufficient information for the mark.

(3) She says the European Union is not cooperating. ✗   (0)

> **e** Misunderstood the Vice-President's statement.

(4) **a** 782 people: immigrants in the police station in Arona, south Tenerife. ✔   (1)
b 600 people: immigrants taken to a military base in Esleta. ✔   (1)

> **e** A good, detailed answer.

(5) Because they are helping the immigrants with food and more toilets. ✔   (1)

> **e** The detail of the extract is well understood.

(6) Because the immigrants would not clean themselves. ✗   (0)

> **e** Completely misunderstood the extract.

(7) A maximum of 72 hours, which is observed rigorously. ✔   (1)

> **e** A good answer.

(8) They need approval from a judge ✔ but they are also very busy. ✔   (2)

> **e** A neat answer showing a clear understanding.

Total: 8 marks

Answers

(1) It has asked the EU for logistic support (by sea and by air) to stop the
massive arrival of illegal immigrants.   (1)
(2) By means of police cars, electronic surveillance on the south coast.   (1)
(3) That those that arrive in Spain also arrive in Europe, and that the EU
should also take on the responsibility for them.   (1)
(4) **a** 782 people: the number of immigrants in the basement of the police
station in Arona, in the south of Tenerife.   (1)
b 600 people: the number of immigrants that have been transferred to
the military base in La Isleta.   (1)
(5) They are trying to make the interns more comfortable, by getting food
and extra toilets.   (1)
(6) Because there was an average of one toilet per hundred immigrants.   (1)

(7) They can be detained for a maximum of 72 hours. (1)

(8) They need judicial authorisation, (1)

but this is delayed because the judges are also overloaded with work. (1)

Total: 10

Integración y exclusión

Escucha la siguiente entrevista con una indígena de México y completa el ejercicio a continuación.

Length of passage: 2 minutes, 45 seconds

Los mazahua y su lucha

Presentador: Silvia de Jesús, de 40 años, es una de los que se calcula son 17.000 indígenas mazahuas que viven en la Ciudad de México, y como muchas de las mujeres de su comunidad viste el alegre traje de su etnia, de vivos y brillantes colores.

Pero no estás alegre, Silvia. ¿A qué se debe?

Silvia de Jesús: Nosotros los indígenas sufrimos en nuestro pueblo y sufrimos en la ciudad, en nuestro pueblo porque no tenemos forma de sobrevivir y aquí en la ciudad porque somos discriminados, ése es el problema más grande que enfrentamos todos los días. Éste es el problema.

Presentador: ¿Y cómo los discriminan?

Silvia de Jesús: Por usar nuestra vestimenta la gente nos grita cosas despectivas en la calle. Nos gritan "india, regrésate a tu pueblo, ¿qué haces aquí?", y lo que no entienden es que nosotros nacimos aquí. Mis hijos nacieron aquí y aquí es donde vivimos, en esta ciudad. La gente cree que porque somos indígenas venimos del campo o de los ranchos, no entienden que también hemos nacido en la capital.

Presentador: Según cifras oficiales, en México hay 11 millones de indígenas y el mazahua es uno de los 62 grupos étnicos que habitan en el país. Su población se calcula en cerca de 120.000, la mayoría procedentes del Estado de México y zonas aledañas a la capital mexicana.

Dime, Silvia, ¿cómo era la situación cuando eras niña?

Silvia de Jesús: Ahora comprendo a mi madre, porque yo le decía "quiero vestirme como tú, como las mujeres del pueblo" y ella se negaba. Decía que quería para mí algo mejor.

Presentador: Pero ahora lo haces, ¿verdad?

Silvia de Jesús: Sí. Yo me armé de valor para organizar a las mujeres de mi comunidad y fundar el grupo Mansión Mazahua, con el objetivo de

---

rescatar nuestra identidad, darnos a conocer como indígenas mazahua, para que nuestros hijos y nietos se sientan identificados y se sientan orgullosos de su descendencia indígena.
Pero también luchamos por otras cosas.

Presentador: ¿Me puedes comentar qué más hacen?

Silvia de Jesús: Queremos tener una vida más digna, una mejor vivienda, para que nuestros niños vivan de otra forma. Porque no es digno que una familia entera viva en un cuarto de 4 x 4 donde se cocina, se duerme, se come, todos en un cuartito.

Presentador: ¡Claro! ¿Y a qué te dedicas en este momento?

Silvia de Jesús: Ahora mi inquietud es aprender, porque si no sabes la gente abusa de ti y porque estudiando te das cuenta de muchas cosas. Sé que estudiando no se van a resolver todos los problemas. Sé que hoy en día está de moda ser indígena y a pesar de eso, los indígenas tenemos muy pocas oportunidades en esta sociedad. Pero quiero hacer algo por mis nietas, y primero tenemos que levantar nuestra autoestima porque no quiero que la historia siga repitiéndose.

Adaptado de "Los indígenas sufrimos", María Elena Navas, *BBCMundo.com*, 28 de agosto de 2001

Task

Escucha la grabación y contesta a las siguientes preguntas EN ESPAÑOL.
(20 puntos por comprensión y 5 por calidad de lengua.)

(1) Da todos los detalles personales de la entrevistada Silvia de Jesús.

(2) ¿Cuál es el problema del que no pueden escapar los mazahuas en la cuidad? ¿Qué no entiende la gente?

(3) Describe la situación general de los indígenas en México. ¿Qué sitio ocupan los mazahua en la población indígena de México?

(4) ¿Quéquería la nadre de Silvia ¿Por qué?

(5) ¿Dónde y cómo viven muchos mazahuas? Describe en detalle.

(6) ¿Qué hace Silvia actualmente? ¿Por qué?

(7) ¿Qué injusticia social señala Silvia finalmente?

(8) ¿Qué quiere Silvia para su familia? ¿Por qué?

Sample answer at grade A

(1) Tiene 40 años ✔, es indígena ✔, vive en la Ciudad de México ✔. Lleva el vestido típico ✔ con colores vivos. ✔

e Good answer, with all details mentioned.

(2) Sufre de discriminación ✔ en la ciudad ✔. La gente le grita que vete ✔ a su pueblo ✔.

e First half correct, but no explanation of the second.

(3) Los mazahuas son 17.000. ✗ Los mazahuas de la capital son aproximadamente 120.000. ✗

e The numbers were exchanged. No marks awarded.

(4) Su madre no quería ✔ que lleva ropa típica, ✔ quería una vida mejor. ✔

e Enough level of detail to be awarded all marks.

(5) Viven con la familia, ✔ son cuatro, ✗ y cocinan, duermen y comen ✔ en un lugar pequeño. ✔

e Confusion with measurements. All other details well expressed.

(6) Ella aprehende ✗ porque no quiere que la gente abusa de ella ✔ y quiere resolver así todos los problemas. ✗

e Point partly misunderstood.

(7) Que es una moda en este momento estar indígena pero no hay muchas oportunidades. ✔

e Wrong verb but point conveyed correctly.

(8) Quiere hacer algo para sus nietas. ✔

e Half the required answer, but content conveyed

Comprehension: 14

Language: 5

Total: 19 marks out of 25

Marking scheme

(1)	Tiene 40 años	(1)
	es indígena mazahua	(1)
	vive en la Ciudad de México	(1)
	Viste el traje de su etnia de tiene colores vivos y brillantes.	(1)
(2)	No pueden escapar de la discriminación.	(1)
	La gente no comprende que ellos son de la Ciudad de México.	(1)
(3)	Los mazahua son aproximadamante 120.000	(1)
	con 17.000 viviendo en la Ciudad de México.	(1)
(4)	La madre de Silva se negaba	(1)
	a que se vistiera como indígena	(1)
	porque quería algo mejor para ella.	(1)

(5) Ellos viven con sus familias (1)
en un cuarto (1)
de 4 × 4 (1)
donde se cocina, se duerme y se come. (1)
(6) Ella estudia/aprende (1)
porque si no sabes la gente abusa de ti, y
porque así te das cuenta de muchas cosas. (1)
(7) Que a pesar de que ser indígena está de
moda, no tienen muchas oportunidades. (1)
(8) Que sus nietas levanten su autoestima (1)
para que la historia no siga repitiéndose. (1)

Total: 20

A2 Speaking

*T*his section of the book will help you focus on speaking at A2. This is one of the more demanding skills and one where nerves tend to influence students the most, so it is important to give yourself plenty of time to prepare for it.

Notes on assessment

From 2008 onwards, each board will approach the testing of speaking in a different format. Below is a summary of what they each expect students to do.

AQA

The whole examination, which is called *Unit 4: Speaking*, will last 35 minutes, including 20 minutes of supervised preparation without the use of a dictionary or notes. The exam is divided into two parts:

- **Discussion of a stimulus card (5 minutes)**: you will have to choose one of two cards that the examiner will give you. These will refer to different topics taken from those prescribed, which are *Environment, The multicultural society* and *Contemporary social issues* and their respective subtopics (for a full list see the Introduction). Each card contains a set of instructions and two speech bubbles with different points of view. You will have to choose one of the points of view, present it in 1 minute and be prepared to defend or justify it.
- **Conversation (10 minutes)**: you will discuss two *Cultural topics* chosen from the prescribed list (for the full list see the Introduction). You will devote 5 minutes to each topic.

Edexcel

The whole examination, which is called *Unit 3: Understanding and Spoken Response in Spanish (6SPO3)* will last from 11 to 13 minutes. For this oral examination no preparation time is required.

You choose an issue for debate. You have a completely free choice: the issue does not have to relate to the general topic areas from the specification, nor does it have to be related to Hispanic society or culture. First, you outline the issue for about 1 minute, taking a stance on it. The examiner will then debate the issue with you for up to 4 minutes, opposing your opinions. The remainder of the oral is spent discussing a minimum of two further unpredictable issues.

OCR

The whole examination, which is called *Unit F723: Spanish Speaking 2*, lasts a maximum of 38 minutes, including 20 minutes of preparation, without the use of a dictionary or prepared notes. The exam is divided into two parts:

- **Discussion of a stimulus article (5–6 minutes)**: You will be provided with a text in Spanish, which you will have to analyse in your 20-minute preparation time, during which you can make notes in order to answer comprehension and general questions based on the text. The text will be about 250 words long and will touch on one of the topics set at A2, (for the full list see the Introduction).

● **Topic conversation (10–12 minutes)**: this will be based on one or two topics of your choice among those set (see the Introduction) and will have to relate to Spain or to a Spanish-speaking country.

Pointers for a good performance

In order to perform well with any board you should:
● Be well prepared to discuss a topic from those set with a considerable depth and involvement. Try to voice and explain your views in as much detail as possible.
● Demonstrate that your background knowledge of the topics (and especially those linked to Spain and Spanish-America) is sound. Avoid stereotypes.
● Avoid long pauses, which hinder the flow of the conversation. If you don't know how to say a specific word, paraphrase. It is very likely that the examiner will supply the word to help you out.
● Be prepared to defend your point of view and to be confronted. This is not only a typical activity in these papers, but a Hispanic tradition!

AQA

The following are two cards with points of view representative of the ones set by AQA at A2. Each card contains a list of instructions and two points of view. Remember that you will have to choose one of the points of view, present it briefly, in 1 minute, and prepare to defend or justify it to the examiner. This part of the test will last for a maximum of 5 minutes, and then you will engage in a discussion of the two cultural topics you have chosen in your A2 course, devoting 5 minutes to each of them. You will find sample answers to each of the cards, followed by the discussion of two topics. Note the asterisks (*) that mark language mistakes. Each part has a short analysis by an examiner and points to consider, when necessary.

Task 1

● Look at the card and read the two statements in the speech bubbles.
● Choose **one** of them and think how you can convey and expand on its main ideas.
● Begin the discussion by outlining your point of view (this should take no longer than 1 minute).
● You must then be prepared to respond to anything the examiner might say and to justify your point of view.
● You may be required to explain something you have said, to respond to an opposing point of view expressed by the examiner, or to defend your expressed opinion(s).
● You may make notes in your preparation time and refer to them during this part of the examination.

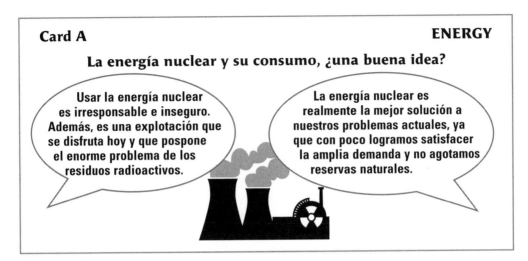

Discussion of stimulus card (5 minutes)

Examinadora: Bien, ¿de qué te gustaría hablar?

Candidato: Bueno, yo quisiera hablar del uso de la energía nuclear. Yo soy* de acuerdo con la opinión que es irresponsable e inseguro. La tecnología ha... continuado* mucho hasta ahora, pero ya* no es seguro usar este tipo de energía, porque hay accidentes, como Chernóbil, en Ucraina*. Yo creo que si saben cómo... no tener los accidentes, inclusive así es irresponsable, porque los residuos producidos son radioactivos* y no se pueden degradar... toman miles de años en degradar*... Hay muchas formas de reemplazar esta energía, no es necesario usar una tan peligrosa como éste*.

Examinadora: Sí, entiendo, pero tienes que considerar que es una forma bastante económica de proveer energía para la demanda. Con un poco de uranio se produce mucha energía para todos.

Candidato: De acuerdo, pero creo que ahí hay* el problema, hay que... bajar la demanda, hay que educar a la población que usar más energía es negativo.

Examinadora: Vale, pero eso tomaría mucho tiempo, y la población crece, ¿no te parece que hay que conseguir fuentes de energía, y ésta es una alternativa válida?

Candidato: No, creo que es no* válida, porque... está bien, uno puede decir que los accidentes son pocos, pero vi un documental sobre Chernóbil, y decía que pasó en 1980... eh... 1986, creo, y tuvieron que abandonar el pueblo. Y en el documental muestra que toda la zona... bueno... no se puede vivir allí, por la radiación*, y hay personas afectadas que murió* de cáncer. También había* uno* en España, en Vandellós I, pero no afectó la zona, pero no se abrió más la central nuclear. Éstos accidentes son muy graves.

Examinadora: Sí, pero son accidentes, o sea que no pasan a menudo. Y ahora necesitamos una fuente de energía limpia, y ésta lo es.

Candidato:	No soy* de acuerdo. Parece "limpia", sí, pero en realidad no [*] es.
Examinadora:	¿Por qué dices que no es limpia?
Candidato:	Porque no hay que olvidar que los residuos de las centrales nucleares son totalmente radioactivos*, y contaminan la* planeta por miles de años.
Examinadora:	¿Y si los enviamos al espacio, como planean algunos países?
Candidato:	Para mí, ¡eso sería una forma de polución extrema! Es simplemente posponer el problema, y contaminar inclusive el espacio.
Examinadora:	Entonces, ¿qué solución sugieres?
Candidato:	Para empezar, creo que es necesario no usar la energía nuclear, o usar[*] lo mínimo necesario; también debemos instruir a la población sobre el ahorro de la energía. Pero lo más importante sería desarrollar las energías renovables, como la solar y la eólica. España es un buen ejemplo. Como es el país europeo con mayor radiación* solar, es el segundo, después de Alemania, que explota muy bien la energía solar térmica, para calentar el agua por ejemplo, con paneles solares, y la solar... eh... fotovoltaica, para producir electricidad. La energía eólica también es limpia, y España también tiene la central eólica más grande del mundo, en... eh... Higueruela, por ejemplo.
Examinadora:	Bien, me parece que me has convencido, la energía nuclear no es tan buena como éstas. Muchas gracias.
Candidato:	De nada.

Conversation (10 minutes)

Examinadora:	Bien, y dime, ¿de qué tema cultural te gustaría hablar primero?
Candidato:	Bueno, a mí me gustaría hablar de la historia reciente de España, de Francisco Franco. Eh... bueno, todos conocemos la España de hoy día, que es muy libre... y muy liberal, pero durante la época de Franco fue* todo lo opuesto. El régimen de Franco era una autarquía...
Examinadora:	¿Qué quiere decir "autarquía"? ¿En qué se diferencia de una democracia?
Candidato:	Quiere decir que se gobernó* sola, sin contacto con otras* países. Es decir que no importaba ni exportaba nada a otros. Era como suficiente... en sí misma.
Examinadora:	Claro, autosuficiente. ¿Y por qué se considera a Franco como un dictador tan terrible?
Candidato:	Primero, porque él llegó al poder después de una sangrienta guerra civil, que duró 3 años, de 1936 a 1939, y* hizo* el único líder del país, y entonces era despótico.
Examinadora:	¿En qué sentido era despótico?
Candidato:	Por ejemplo, él era muy católico, y obligaba a todos los españoles a ser muy religiosos. En ese momento no era posible no ir a la iglesia, o no casarse, por ejemplo, o no tener hijos. Las mujeres vivían para servir a sus esposos y para tener hijos. Había mucho control sobre todo. Había

mucho maquismo*. ¡Ah! Tampoco podían hablar otras lenguas de España, como el catalán, el gallego, o el vasco.

Examinadora: Y si Franco era gallego, de La Coruña, ¿por qué crees que no lo permitía?

Candidato: Bueno, había varias razones muy importantes: la primera era que él no habló* gallego, o catalán, o vasco, y tuvo* miedo que los rebeldes hicieron*...eh...una revolución, porque no se entiende si hablan distinto, ¿no? Pero principalmente, fue porque él quiso una España unida, uniforme, sin diferencias muy grandes. Además, había mucho miedo de la influencia de los comunistas, y todo lo extranjero, como los nombres del fútbol, [*] cambiaron al español.

Examinadora: ¿Y cuánto tiempo estuvo en el poder Francisco Franco?

Candidato: ¡Ah! Estuvo mucho tiempo, casi 40 años. Murió en 1975, después de 39 años de gobierno. Y él quería continuar* su régimen...

Examinadora: ¿Y lo logró?

Candidato: En absoluto. Pasó algo muy interesante: él hizo volver al rey de España, Juan Carlos I, del exilio, y lo entrenó de forma militar para continuar con sus principios fascistas, pero el rey prometió... y lentamente hizo* una transición a la democracia...

Examinadora: ¡Muy interesante! Y dime, ¿de qué otro tema cultural quieres hablar?

Candidato: Bueno, yo quiero hablar de un director de cine mexicano, Guillermo del Toro, y su trabajo.

Examinadora: Bien, ¿y qué me puedes decir de él?

Candidato: Bueno, es un director de cine mexicano, que nació en Guadalajara, Jalisco, en 1964. Pero él trabajaba en México y se... su padre... ¿le secuestraron? Y entonces después de recuperar a su padre, él fue a vivir a los Estados Unidos. Ahora vive en Los Ángeles. Es conocido como uno de los tres directores mexicanos más influyentes del cine en español.

Examinadora: ¿Y quiénes son los otros dos?

Candidato: Son un trío, ¡y todos son jóvenes y viven ahora! Son Guillermo del Toro, Alfonso Cuarón, que dirigió "Y tu mamá también" y "Harry Potter y el prisionero de Azkabán", y Alejandro González Iñárritu, que es famoso por "Amores perros" y "Babel".

Examinadora: ¿Y por qué elegiste hablar de Guillermo del Toro y no de los otros dos?

Candidato: Porque creo que los tres son un ejemplo para los nuevos directores, pero me gusta más del Toro, porque él explora temas que mezclan la fantasía con la realidad, y toma mucho de la historia. Por ejemplo, él hizo dos películas que pasan* en España durante la época de Franco, "El espinazo del diablo" y "El laberinto del fauno", por la que fue candidato al Oscar.

Examinadora: ¿Cómo película en inglés o en español?

Candidato: No, eso es lo interesante, que él usa el español o el inglés depende del tema de la película. Esas dos, como son* en España, usan el español, y también hizo adaptaciones de comics, como "Hellboy"...

Examinadora: ¡Qué bien! Y cuéntame algo más sobre cómo utiliza la fantasía.

Candidato: Bueno, en las dos películas que mencioné, "El espinazo del diablo" y "El laberinto del fauno", los protagonistas son niños, y se encuentran con monstruos, que son una fascinación de del Toro, y escapan de la realidad horrible de la guerra civil, que era tan cruel. En "El laberinto...", que me encanta, es una niña, que para poder escapar del horror de su padre, que trabaja para los fascistas de Franco y torturan a la gente, visita un árbol enorme, y allí hay un laberinto, y el fauno, que le cuenta secretos... y viven aventuras juntos.

Examinadora: Finalmente, dime, ¿por qué crees que este director es tan importante para el cine?

Candidato: Creo que es muy importante porque ha rompido* las barreras del idioma y de los temas para hablar en sus películas. Él captura la visión de los niños, especialmente, y entonces no es un análisis serio de la historia, pero* inocente, con mucha sorpresa. Y usa personajes fantásticos, pero mezclados con la realidad, y es un cine menos tradicional, con más imaginación para contar las historias.

Examinadora: ¡Vale! Estoy de acuerdo, creo que es muy talentoso. Gracias.

Candidato: Gracias.

e Analysis of performance at grade A

This candidate achieves a clear grade A for this performance, which shows a broad and highly sophisticated understanding of the three topics discussed, the environment, Spanish history and Mexican cinema. The discussion of the first topic is well controlled by the candidate, who understands the examiner's questions well and responds confidently, showing a highly competent knowledge of the topic. A few slips occur in the language used (e.g. *ser*, *estar* and *hay*, the gender of *planeta*, a reflexive pronoun missing) but these are infrequent. The discussion on the last topic is almost flawless linguistically; the two basic mistakes near the end could be put down to fatigue.

Task 2

- Look at the card and read the two statements in the speech bubbles.
- Choose **one** and think how you can convey and expand on its main ideas.
- Begin the discussion by outlining your point of view (this should take no longer than 1 minute).
- You must then be prepared to respond to anything the examiner might say and to justify your point of view.
- You may be required to explain something you have said, to respond to an opposing point of view expressed by the examiner, or to defend your expressed opinion(s).
- You may make notes in your preparation time and refer to them during this part of the examination.

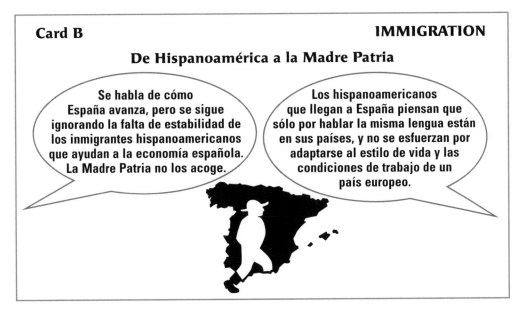

Card B   **IMMIGRATION**

De Hispanoamérica a la Madre Patria

Se habla de cómo España avanza, pero se sigue ignorando la falta de estabilidad de los inmigrantes hispanoamericanos que ayudan a la economía española. La Madre Patria no los acoge.

Los hispanoamericanos que llegan a España piensan que sólo por hablar la misma lengua están en sus países, y no se esfuerzan por adaptarse al estilo de vida y las condiciones de trabajo de un país europeo.

Discussion of stimulus card (5 minutes)

Examinador: Bien, ¿de qué te gustaría hablar?

Candidata: Bueno, yo quisiera hablar de la segunda opinión. Porque dice que los hispanoamericanos que llegan a España piensan que sólo por hablar la misma lengua están en sus países, y no se esfuerzan por adaptarse al estilo de vida y las condiciones de un país europeo... ... eh... sí... yo soy* de acuerdo, porque hace* eso... *(long pause)*

Examinador: Vale, ¿pero no te parece que tienen derecho a ir a la Madre Patria y buscar un trabajo digno allí?

Candidata: No, no soy* de acuerdo. Los países de Hispanoamérica no son parte de España, y no hay una... ¡ay, no sé en español! No hay una Commonwealth como con Inglaterra, y ellos no tienen derecho de ir a trabajar en España.

Examinador: ¿Pero no te parece que sería justo que España les diera una oportunidad?

Candidata: No, porque ellos no tienen obligación. Es* un problema con el paro en España, y si vinieron* más inmigrantes hay más paro para los españoles, porque ellos... toman sus trabajos.

Examinador: Sin embargo, dicen las estadísticas que España depende de los extranjeros para desarrollarse, porque la población envejece muy rápidamente.

Candidata: Eh... *(long pause)*

Examinador: ¿No crees que si no hay tanta gente joven en España, es bueno que vengan los hispanoamericanos?

Candidata: Eh... *(pause)* bueno, sí... La avantage* que hay es que hablan español, entonces pueden integrarse más rápidamente. ... El problema es que no se integran...

Examinador:	¿Por qué dices eso?
Candidata:	Porque piensan que están en sus países. Por ejemplo, vi en un periódico de la* España que unos inmigrantes ilegales... no sé, creo que eran sudamericanos... hicieron una protesta en las calles, porque querían tener pasaporte europeo.
Examinador:	¿Y no te parece justo eso? Sólo reclaman una mejora en su situación.
Candidata:	¿Perdón*?
Examinador:	Digo, que sólo piden tener los papeles para trabajar.
Candidata:	Sí, pero no es necesario hacer una protesta. Ellos están en España, y tienen que respetar los* leyes españoles*, ¿no?
Examinador:	¿Y qué sugieres para mejorar esta situación?
Candidata:	Creo que sería muy importante ser estricto en el control de la inmigración a España, y educar muy bien a los inmigrantes sobre la cultura y los* leyes españolas. Sería muy bueno tener un* ley de extranjería que permite* trabajar a hispanoamericanos en España un máximo de 2 años, como en la Commonwealth.
Examinador:	¿Y esto sería provechoso?
Candidata:	Yo creo que sí, porque ayudaría a la* España, y después deben irse a sus países. Si después quieren estar* permanentes, tienen que presentar los papeles y esperar.
Examinador:	Bueno, muy interesante. No me parece tan mala tu idea. Gracias.

Conversation (10 minutes)

Examinador:	Bien, y dime, ¿de qué tema cultural te gustaría hablar primero?
Candidata:	Bueno, yo quisiera hablar de un arquitecto español muy importante. Se llama Santiago Calatrava. Es muy famoso en todo el mundo, y tiene obras realmente importantes, por ejemplo el Estadio Olimpíque* de Grecia, de Athens*... Bueno, él es un arquitecto importante, porque no sólo es arquitecto, pero* también ingeniero y escultor.
Examinador:	¡Impresionante! ¿Y cómo es que tiene los tres títulos?
Candidata:	Bueno, él estudió arte en la escuela secundaria en... ¡ay, no me recuerdo*!
Examinador:	No importa, creo que fue en los años 70. ¿Y después?
Candidata:	Bueno, y después él estudió escultura. Pero en la universidad... él es de Valencia, pero vivió en muchos países, y estudió arquitectura en la Escuela Técnica Superior de Arquitectura, ¿no? Y logró [*] arquitecto. Pero a él le gustaron* los grandes maestros, como Gaudí, que fue* catalán, y combinar las formas de la naturaleza y la ingeniería y la arquitectura. ¡Ah! Él también estudió para ingeniero, y recibió el título en Sui... siempre me confundo, ¿en Suiza?
Examinador:	Sí, en Suiza, creo que en Zúrich... ¿Y trabajó alguna vez en España? ¿Hay obras de él?

Candidata:	Sí, creo que su mayor obra, que es realmente muy impresiva*, es La ciudad de las Artes y las Ciencias, que está en Valencia.
Examinador:	¿Y por qué te resulta tan impresionante?
Candidata:	Porque realmente tomó formas muy... eh... *(long pause)* como un ojo, ¿no? Y ése* se llama el Hemisferio... *(pause)*
Examinador:	¿Y para qué sirve?
Candidata:	¡Ah! El Hemisferio es un* gran esfera con un cine tipo tres dimensiones*. ¡Y se abre y se cierra!
Examinador:	¿El cine?
Candidata:	... eh... no, el ojo, el Hemisferio. Y también está el Museo de las Ciencias Príncipe Felipe, donde es* un gran Péndulo de Foucault...
Examinador:	¿Sabes para qué se usa esto?
Candidata:	*(pause)* Lo siento, no lo sé. Pero sé que hay muchos experimentos y mucha ciencia, con muchas* documentarias* allí. Pero lo que más me gusta de todo es la forma de los edificios.
Examinador:	¿Por qué?
Candidata:	Porque son como de otra* planeta, son esferas, o usan* metales trans-parentes, como el cristal, o el acero... o se mueven... son como seres vivos. Le recomiendo visitarle*.
Examinador:	¡Vale! Sí, suena muy interesante. Y dime, ¿de qué otro tema cultural te gustaría hablar?
Candidata:	¿Me gustaría hablar sobre el Perú y la historia precolombina?*
Examinador:	Sí, me parece muy interesante tu idea. Adelante.
Candidata:	Bien. Perú es un país muy rico en historia, porque había* tenido muchas civilizaciones antes de [*] llegada los españoles. Por ejemplo, en el norte estaban los chimú, que fueran* grandes navegadores, que tenían nobles. En el sur fueron* los nazcas, que son muy famosos porque hay* las Líneas de Nazca, que es posible ver sólo desde el aire.
Examinador:	¿Y en qué consisten esas líneas?
Candidata:	¡Eso es un misterio! Son* hechas de muchas piedras pequeñitas en... el piso, y son imágenes, como animales, hay un* araño*, un pajo*, un mono, y hay un astronauto*. Y dicen muchos que son señales para los extraterrestres, para aterrar*... Nadie puede decir qué son. Una científica alemana, María Reiche, creo, estudiaba* las Líneas toda su vida, y dejó muchos análisis del estilo de vida de los nazcas antes de ser conquistados por los incas.
Examinador:	Bueno, todos hablan de los incas como una gran civilización precolombina. ¿Por qué?
Candidata:	Porque en realidad [*] eran. Ellos estaban* un imperio muy grande, donde ahora son* Ecuador, Perú, Bolivia, Chile y el norte de Argentina. Tenían muchos caminos, como los romanos, que existen, con puentes de cuerdas. Pero lo más importante fue* Machu Picchu.
Examinador:	Cuéntame un poco sobre Machu Picchu. ¿Dónde está?

Candidata: Es* muy cerca de Cusco, que fue la capital del imperio. Es una ciudad sagrada, donde vivieron* muchas personas, también el emperador. Ahora es muy turística.

Examinador: ¿Y por qué la visitan tanto?

Candidata: Porque está en una montaña muy importante. Se llama Machu Picchu porque en quechua, que es la* idioma de los incas, quiere decir "cima vieja". Está en la montaña, y cerca de otra montaña que es Huayna Picchu, que está cerca. Machu Picchu está a más de 2.400 metros sobre el nivel del mar, y es considerada una de las siete maravillas modernas.

Examinador: ¿Y a qué se debe que sea tan importante?

Candidata: Su arquitectura es de una gran perfección, sin... mortar*... y con paredes perfectas. Además, hay unas fuentes con agua que funcionan hasta ahora, con el agua de las montañas, y varios templos, como el Templo del Sol, donde hay una piedra, que* se puede determinar la estación del año con ella, por ejemplo.

Examinador: ¿Y quién descubrió esta ciudad? ¿Los conquistadores?

Candidata: No, es una historia apasionante, porque como es* muy alta*, los conquistadores no le* vieron y entonces continuó existiendo. Dicen que como* los incas se fueron porque no había agua, pero ahora dicen que no es posible, que posiblemente no querían que los españoles ven* este sitio sagrado. Entonces, en 1911, un científico de Estados Unidos, Hiram Bingham, que quería investigar los restos arqueológicos incas, ¡la descubrió! Y ahora es Patrimonio de la Humanidad.

Examinador: Pues realmente es muy interesante poder ver el gran nivel de desarrollo de estas culturas. Muchas gracias.

Candidata: Gracias.

e Analysis of performance at grade B

The candidate performs well, but does not attain the highest level, mainly because of persistent errors of language. The first dialogue is the weakest: the candidate 'lifts' a section from the stimulus card — you should avoid doing this — and she fails to understand the examiner on occasion. Overall, however, the degree of knowledge of the topics suggests good preparation and motivation. Some of the ideas put forward, such as the comparison between Gaudí and Calatrava, are sophisticated and could have been developed further.

Language errors are frequent and the same ones tend to recur, in particular her failure to use correctly the verbs *ser*, *estar* and *hay* (there are, however, patches where these verbs are well used). Further problems that occur are: Gallicisms (*la España*, *Olimpique*), occasional gender problems (*ley/planeta*), incorrect object pronouns, and confusion with the use of the indicative and the subjunctive. It is largely this lack of linguistic control that lets the candidate down.

Edexcel

Edexcel expects A2 candidates to prepare to debate a topic for up to 4 minutes and to discuss two more topics for a further 6–8 minutes. This means that you will need to be prepared to present your topic briefly for about 1 minute, and then defend your point of view in conversation with the examiner for a further 4 minutes. He/she will then initiate a spontaneous discussion that will cover a minimum of two unpredictable areas. You will be required to bring a brief written statement on an *Oral chosen issue* form and may refer to it during the test. This oral test aims to assess your advanced level understanding and speaking skills; it does not require factual or specialised knowledge; nor does it need to relate to Hispanic culture.

The following are two sample outlines of topics and conversations that typify this paper. Each is followed by an analysis of the quality of language and the general performance.

Example 1

Topic debate (5 minutes)

Examinador   Bien, dime, ¿de qué tema te gustaría hablar?

Candidato: Bueno, eh... yo quisiera hablar sobre el tema de los derechos humanos. He leído que en Cuba, por ejemplo, no se cumplen todos los derechos humanos, especialmente [*] de la libre expresión, y esto no es justo. Muchas personas cubanas [*] expresan en contra del gobierno, que es comunista, y son encarcelado*. Tampoco se pueden* asegurar un juicio justo a estas personas, porque hay bastante* control del gobierno, y hasta represión y exilio.

Examinador: ¿Pero no te parece una idea lógica que el gobierno de un país se proteja de gente revolucionaria?

Candidato: ¡Para nada! En este caso no está* una revolución, sino simplemente expresan algo esencialmente humano. ¡Es un derecho! Además del derecho a la vida y a la libertad civil, creo que es importantísimo tener el derecho a expresarse a favor o en contra de un gobierno.

Examinador: Pero hay gente que expresa ideas fascistas... ¿esto debe permitirse?

Candidato: Bueno, yo diría que hasta un punto sí. La gente expresan* ideas contrarias, y es parte de la libertad que tienen, ¿no? Eso no quiere decir que van a organizarse para... un golpe de estado... pero* simplemente dicen lo que piensan en un periódico, por ejemplo.

Examinador: ¡Ah! Pero los periódicos pueden incitar a la violencia, a la organización de grupos en contra de un gobierno, ¿no es así?

Candidato: *(pause)* Quizás en el pasado, pero ahora no. Los periódicos simplemente expresan la opinión de la gente, y en un* sociedad libre, tienen que expresar ideas libres.

Examinador: Bueno, pero pueden protestar de maneras menos reaccionarias, ¿no te parece?

Candidato: ¡No hablo de protestas reaccionarias!... Pero imaginamos* que hacen una protesta para recibir más dinero en el trabajo, el gobierno no hacen* legales las protestas (por ejemplo en Cuba), y entonces no valen esos derechos. O sea... no escuchan los reclamos... también, por ejemplo, cuando hay presos políticos inocentes, ¿no?

Examinador: ¿Pero no te parece que hay muchos organismos internacionales que se ocupan de este tema y lo hacen bien?

Candidato: Bueno, sí. Creo que la "o, ene, u"* hace un buen trabajo, y hay muchos que denuncian la violación de los derechos de las personas. Pero no me parece que tenga que ser algo externo a los países, sino que el gobierno de un país tiene que promocionar* estos derechos humanos, y... eh... (*pause*) no tolerar los abusos por orientaciones políticas,... o sexuales o religiosas.

Examinador: Pero para mucha gente éstos no son abusos...

Candidato: ¡No estoy de acuerdo en lo más mínimo! Discriminar por orientaciones políticas, y especialmente sexuales y religiosas es un gran abuso. El problema es que por* los políticos y diplomáticos vale más la opinión de los políticos que [*] de la gente, y si no escuchan los reclamos... ¡es como una dictadura!

Examinador: Creo que tienes razón. Muchas gracias.

Candidato: A usted.

General discussion (6–8 minutes)

Examinador: Dime, ¿tu crees que estamos en la nueva "era de la comunicación", como dicen muchos?

Candidato: Bueno, yo creo que sí estamos en la "era de la comunicación", porque somos* muy comunicados con otras personas... eh... con los teléfonos, y con Internet, por ejemplo.

Examinador: Muchos dicen que hay mucha más tecnología, pero que no nos comunicamos más. ¿Estás de acuerdo?

Candidato: Para nada. Porque yo me comunico mucho más con mis amigas y con mis padres, por ejemplo con el teléfono móvil. Es muy práctico. Y sobre todo, en caso de emergencias... siempre puedes decir dónde estás, o puedes ayudar a una persona con problemas.

Examinador: ¿Y te parece que la Internet nos ayuda a comunicarnos más? A mí me parece muy superficial.

Candidato: Eh... bueno, eh... sí, somos* más comunicados, y no es tan superficial. Primero, podemos usar mucho el e-mail, pero ahora tenemos otras formas para estar conectados, por ejemplo, programas interactivos, como Facebook. Yo siempre soy* en contacto con todos mis amigos vía* ese programa... Y también podemos estudiar con Internet...

Examinador:	¿Te parece que es buena para estudiar? Yo preferiría leer un libro.
Candidato:	Bueno, no diría que es tan buena como un libro, pero, por ejemplo, podemos buscar datos importantes en Wikipedia, que es una enciclopedía* gratis, o... o... o leer... (*long pause*)
Examinador:	... leer periódicos, ¿por ejemplo?
Candidato:	Exacto. Y periódicos de todo el mundo, para tener noticias en español, o en otros idiomas, de otros países, y tener las noticias locales.
Examinador:	¿Y qué opinas de la nueva televisión "reality"?
Candidato:	¡Ah! No me gusta mucho, porque ahora no es natural. Antes fue* más un... experimento, pero ahora los participantes saben cómo es el juego, como "Gran hermano" y entonces no... juegan justo*.
Examinador:	Hacen trampa. Yo creo que no hay forma de programar los resultados.
Candidato:	En cambio, a mí me parece que sí. Entran con un plano* a la programa* y actúan para las cámaras. Además, me parece terrible que los directores del programa eligen* personas muy raras, o con problemas físicos, o demasiado bonitos, o tontos, ¿no?
Examinador:	¿No dirías que es más representativo de la vida real? Yo creo que es así.
Candidato:	No, en lo más mínimo. Es como un show de fr... gente rara, como un circo en la televisión. Me parece súper-cruel. Estamos todos observando a personas y... hacemos* juicio de ellas. ¡Me parece horrible!
Examinador:	Vale. ¿Y crees que es mucho más potente la televisión, la radio o los periódicos?
Candidato:	Ah... bueno... creo que la tele, porque estamos muy acostumbradas* a ver cosas, y menos a leer. Ahora todo es más interactivo, inclusive la televisión, con el botón rojo. Pero creo que todo se unifica en Internet, y es el nuevo gran medio de comunicación que tiene todos*: la televisión, la radio y los periódicos.
Examinador:	Bien, muchas gracias.
Candidato:	Gracias.

e Analysis of performance at grade A

In the first part of the oral, the candidate puts his pro-human rights view clearly and persuasively, engaging in a vigorous debate with the examiner over this issue. The examiner, playing 'devil's advocate' attempts to bring the best out of the candidate. Although the candidate relates the debate to Cuba initially, a Hispanic theme is not essential in this oral, and it is perfectly normal (indeed desirable) for the debate to move on to a general level. He continues to impress intellectually in the second part, showing independence of thought and a lively, critical view of the topics introduced by the examiner. The candidate's language is a mixture of good constructions and basic errors, such as the missing of a reflexive form, use of the plural after *gente*, incorrect gender of *sociedad*, *programa*, confusion of *ser* and *estar*. Despite these slips, this is an impressive performance overall.

Example 2

Topic debate (5 minutes)

Examinadora: Bien, dime, ¿sobre qué tema quieres hablar?

Candidato: Bueno, a mí me interesa mucho el fútbol, y me gustaría hablar sobre el problema de la violencia en el fútbol, porque ya* se ve mucha violencia en los partidos de fútbol. A veces los fanáticos* cantan en contra de otro equipo en la cancha, y después empiezan con violencia física, tiran piedras,[*] cerveza,[*] con puños. Muchos han ido al hospital después de partidos, y otros inclusive han muerto.

Examinadora: ¿Y por qué crees que pasa esto?

Candidato: Sí, hay mucha violencia. Creo que los... aficionados... beben mucho, y ellos luchan con otros. El problema es que cuando beben mucho, perden* la dimensión de la competición*, y no realizan* que es sólo un juego, creen que es verdad.

Examinadora: Pero ¿no te parece natural que tomen en serio su deporte preferido?

Candidato: Sí, está bien ser fanático, pero no está bien ser violento, porque provoca muchos problemas. Es bueno que... es* un escape, pero me parece que muchos [*] usan como pretexto...

Examinadora: ¿Un pretexto para ser violentos? No me parece que sea así.

Candidato: A mí sí. Creo que hay muchos fanáticos que son* frustrados con sus trabajos, o con sus vidas, y entonces toman el fútbol como un pretexto para... eh...

Examinadora: Pero yo creo que tienen que hacer esto para aliviar su frustración, y esto es un mecanismo importante en la sociedad, que les da una vía de escape en los deportes.

Candidato: ¡No estoy para nada de acuerdo! La sociedad debe dar más trabajo a esas personas y no darlas* frustración. Los deportes no deben ser una vía de escape, deben ser entretenimiento.

Examinadora: Pues yo no lo veo así. Estamos en una sociedad libre, y si tú quieres ser fanático de un club, siempre que te comportes bien, puedes expresarte.

Candidato: Mmmm... pero es que usted piensa que es sano, y ¡yo digo que es terrible! ¡Son* borrachos desde la mañana, por ejemplo! Creo que sea* necesario prohibir el alcohol en las canchas de fútbol. ¡Ah! Y también sería importante no permitir que los fanáticos borrachos entran* al partido. Además, sería bueno organizar muchos partidos "amistosos" para estimular el espíritu deportista* entre los fanáticos, y no la competencia. Por ejemplo, si [*] Real Madrid juega contra Barça, hacer partidos en ciudades neutrales, y no por puntos.

Examinadora: Vale, no me parece mal la idea. Muchas gracias.

Candidato: Gracias a tú*.

General discussion (6–8 minutes)

Examinadora: Bien, y ahora me gustaría saber qué opinas de otras leyes que controlan la sociedad, como por ejemplo las de la inmigración. ¿Crees que hay que controlar mucho más la inmigración?

Candidato: Bueno, creo que ahora somos* en un mundo más... eh... móvil, y no es posible controlar tanto la inmigración. Por ejemplo, en Europa*, ahora somos 25 países, y es lógico que es* muy* inmigración en los países más ricos.

Examinadora: Estoy de acuerdo, hay muchos más inmigrantes de países vecinos, de la UE, ¿y qué hacemos con los ilegales?

Candidato: ¡Ah! Pero ellos necesitan más los trabajos que otros países europeos, y a veces vienen porque tienen problemas políticos o religiosos. Hay que aceptarles.

Examinadora: ¿Directamente?

Candidato: No, no directamente, pero es necesario analizar cada caso. Yo sé que hay muchos que abusan de esto, pero nosotros podemos ayudar a estas personas que sufren. Los* leyes de inmigración ahora son muy estrictos*, pero porque sospechan del terrorismo.

Examinadora: Lo que está muy bien, ¿no te parece?

Candidato: Sí, pero también hay mucha discriminación. Ellos... observan mucho más a los... los inmigrantes Muslim* que a los inmigrantes de... Cánada*, por ejemplo. Ésa es una forma de discriminación muy directa, porque es posible tener terroristas de cualquiera* país.

Examinadora: Sí, creo que hay algo de cierto en eso. ¿Y qué piensas del problema del desempleo? Ahora hay mucho más que antes, ¿no?

Candidato: Sí, pero no por los inmigrantes.

Examinadora: ¿Ah, no?

Candidato: No, yo creo que los inmigrantes hacen el trabajo que no hacen los europeanos*, y el problema con el desempleo de muchos países es porque... hay más tecnología, y muchas personas que trabajan más con máquinas.

Examinadora: No entiendo muy bien. ¿Me podrías dar un ejemplo, por favor?

Candidato: Eh... sí, creo... *(pause)* Bueno, por ejemplo, ahora, como hay más tecnología, y todo es más rápido, es posible escribir... eh... letras* y mandar por e-mail, y hay más tiempo, y entonces el jefe da más trabajo.

Examinadora: ¿Y cómo afecta esto al desempleo? No lo veo.

Candidato: Porque explotan mucho más a los trabajadores, y entonces hay menos oportunidades de trabajo. También, ahora hay contratos de tiempo... no sé cómo...

Examinadora: Tiempo parcial.

Candidato:	Sí, gracias. Y entonces, tienes un trabajo dos días, ¿no? pero tu jefe quiere todo el trabajo de cinco días en dos días. Mi madre tiene un trabajo así, y trabaja mucho, como mi padrastro. ¡Eso no está* justo!
Examinadora:	Pero es un trabajo, al fin y al cabo.
Candidato:	Yo creo que no [*] es. Creo que es como ser... desempleado, o peor, que es ser explotado. El gobierno dice que la tasa de desempleo está muy baja, pero contan* a todas las personas como mi madre como "empleadas", y no debería estar* así, porque están, como... poco empleadas. Es un abuso... de los empleadores.
Examinadora:	Pero los trabajadores pueden defenderse con los sindicatos, ¿no?
Candidato:	Sí, vale, con los sindicatos, pero ¿cómo podemos defendernos contra una montaña de e-mails aparte de todo el trabajo que tenemos? No es posible. Hay demasiadas presiones, ¡no me puede negar que el stress* es demasiado!
Examinadora:	¡Vale! Muchas gracias por tus opiniones.
Candidato:	Gracias a tú*.

🄴 Analysis of performance at grade B

Initially the issue is presented by the candidate in a rather tentative fashion, with the result that the debate does not 'take off' immediately. When provoked by the examiner the candidate does eventually show that he has a viewpoint, which is expressed in strong terms. In the second part he generally reacts well, discussing the topics introduced by the examiner intelligently. Language errors are persistent, such as the confusion of *ser* and *estar,* problems with radical changes (*perden* for *pierden* and *contan* for *cuentan)*, an incorrect object pronoun, wrong words in the context (*realizan, deportista*), use of the subjunctive after *creer* in the affirmative etc. Lack of vocabulary sometimes affects good communication, as in *Muslim, europeanos and letras.* Although the candidate finishes quite strongly, there is too much language error to justify the highest grade.

OCR

The following are two texts of the type and length (around 250 words) given by OCR for the speaking examination. Remember that you will have 20 minutes to analyse the content of a text, during which time you will not have access to a dictionary, and will then discuss its content with the examiner, who will first ask comprehension questions and then general questions linked to the text, for 5–6 minutes.

Each of the texts is followed by questions and answers with their analyses. There follow topic conversations of 10–12 minutes, which make up the second part of the oral examination. The topics, chosen by you and handed to the examiner in advance, will have to refer to *Society*, *The environment*, *Science and technology: impact and issues* or *Culture* (including literature, the arts, politics, and heritage and history) and be linked with Spain or a Spanish-speaking country (for a list of subtopics see the Introduction).

Texto A   Discussion of an article and topic conversation

Task

Tienes 20 minutos para estudiar este texto. Tienes que:
- contestar a las preguntas basadas en el texto
- discutir los temas del texto
- considerar tus opiniones y tu actitud con respecto al tema del trabajo y la riqueza

---

Producimos más, no somos más ricos

En los últimos treinta años, la participación de los trabajadores europeos en la riqueza producida se redujo del 70 al 58 por ciento, según datos de la Comisión Europea. Así, los asalariados y profesionales de ese continente reciben una porción cada vez menor de la producción.

En España la participación es menor, del 54,5 por ciento. Y con porcentajes inferiores al de la península se ubican Italia, Luxemburgo, Irlanda y Finlandia. El informe destaca también que este descenso se repite en otras grandes economías del mundo: en Japón y en Estados Unidos, ahora apenas supera el 60%.

La otra cara de este declive social es el mayor ingreso de las empresas, que han visto multiplicar sus ganancias desfavoreciendo a los asalariados. El nivel de vida de los trabajadores no acompaña el progreso experimentado en este último tiempo analizado.

> Lo sugestivo es que todo esto se produjo en un período de crecimiento de la economía global, de avances tecnológicos sin precedentes, de fuerte desregulación económica y de globalización financiera. Los expertos del viejo continente explican, en parte, este declive de los ingresos por la globalización, que incluye la competencia de países con salarios mucho más bajos y con precariedad laboral doméstica.
>
> No dejan de aludir, también, al "progreso tecnológico", que ha desplazado las tareas del hombre, cuando no la anuló. La conveniencia o fracaso de la introducción de robots en las líneas de producción sigue ganando los debates académicos.
>
> Adaptado de "La precarización laboral se extiende desde Latinoamérica hacia Europa", Daniel Muchnik, *Clarín.com*, 3 de diciembre de 2007

Discussion of article (5–6 minutes)

Examinadora: Según el artículo, ¿cómo están los españoles con respecto a la distribución de la riqueza?

Candidata: Dice el artículo que los españoles no están muy bien, o no son muy ricos, [*] treinta años, porque hay menos distribución de la producción. En España es recibido* cincuenta y cuatro coma cinco por ciento de la participación, según la Comisión Europea, y antes era del* 70 por ciento. Pero otros países, como Italia, Luxemburgo, Irlanda y Finlandia también no* reciben más, están peor. Es muy curioso, porque inclusive Japón y Estados Unidos son* mal, no reciben más de 60% de la riqueza.

Examinadora: ¿Y cómo progresan las empresas?

Candidata: ¡Eso es lo que sorprende! Dice el artículo que las empresas ganan más... ingresos*. Dice que esto múltipla* sus ganancias, pero no favorece a los trabajadores. O sea, creo que lo que dice es que todo está mejor para las empresas, ¿no? pero que los trabajadores no... tienen... eh...

Examinadora: ... participan, ¿no?

Candidata: Sí, no participan del progreso. Que están igual o peor que antes.

Examinadora: ¿Y a qué se debe esta situación desigual, según los entendidos?

Candidata: Bueno, dice el artículo que hay mucho crecimiento de la economía global, la tecnología mejora, más des... eh... menos regulación, y sobre todo mucha globalización. O sea que como hay globalización, muchos países compe... competen* pagando menos a los trabajadores, y son trabajos más precario*. Pues*, los países explotan más a los trabajadores, ¿no? ¡Ah! Y dice el artículo que los robots muchas veces han tomado el sitio de los trabajadores, y que esto explica el problema.

Examinadora: Claro. ¿Te parece justa esta situación?

Candidata: Para nada.

Examinadora: ¿Por qué no?

Candidata: Creo que está muy mal explotar a los trabajadores. Me parece que todas las empresas... deban* dar parte de su riqueza a los trabajadores. ¡Si no

los tienen no pueden progresar! También es injusto que los jefes llevan*
todo lo mejor.

Examinadora: ¿Qué crees que deberían hacer la UE y España al respecto?

Candidata: Eh... Creo que debería ver cómo progresa una empresa... y obligar a
compartir la riqueza. El problema es que las empresas privadas siempre
son más independientes, y es difícil.

Examinadora: La globalización, ¿puede frenarse?

Candidata: Yo creo que sí. Creo que todos podemos estimular las empresas
pequeñas. El problema es que todavía* estamos acostumbrados a tener
todo barato de otros países. Estamos* muy consumistas. Pero si
eduquemos*, podemos hacerlo.

Topic conversation (10–12 minutes)

The oral form the student brought in contained the following:

El medio ambiente en Costa Rica

1 Por qué va la gente a Costa Rica para hacer ecoturismo.
2 Lo que se puede ver en Costa Rica: fauna, flora, clima.
3 El problema del turismo masivo.
4 La destrucción del medio ambiente en Costa Rica.
5 Cómo proteger el medio ambiente en Costa Rica y el mundo.

Examinadora: Bien, y dime, ¿de qué tema te gustaría hablar?

Candidata: Quisiera hablar sobre el medio ambiente en un país famoso por la
ecología: Costa Rica. Es un país muy pequeño de Centroamérica, que
está entre Panamá y Nicaragua. Es muy pequeño, pero tiene caracterís-
ticas muy importantes: tiene miles de especias* de la región Caribe, y
es donde se encuentren* la flora y la fauna de América del Norte y del
Sur. En Costa Rica hay trece parques nacionales, donde se protege la
naturaleza. Quizás el más famoso es el Parque Tortuguero... Bueno, yo
no [*] visité, pero además hay unos otros* parques muy importantes.
Y como tiene dos costas, la del Caribe y la del Océano Pacífico, es muy
popular para el turismo. El clima es tropical, muy bueno, con una... eh...
temporada seca y una húmeda.

Examinadora: ¿Y se hace mucho turismo allí?

Candidata: El *ecoturismo* es posiblemente una de las... cosas... industrias más
importantes de Costa Rica. Todos quieren observar sus selvas tropicales,
sus miles de especias*, por ejemplo de mariposas, o de... monos.

Examinadora: ¿Quiénes organizan las excursiones?

Candidata: Bueno, hay organizaciones que programan muchas visitas a los parques
nacionales. Costa Rica [*] ha hecho famosa por esto. Allí hay biólogos
que enseñan a los visitantes sobre la... riqueza de la naturaleza.

Examinadora: ¿Qué tipos de cosas se pueden ver o aprender?

Candidata: ¡Es increíble! En un país de más o menos 50.000 km², o sea, una pequeña parte de España, y allí viven, por ejemplo... perezosos y animales de la selva, como los monos capuchinos, ranas de todos tipos y colores, serpientes pequeñitos* y enormes, la tortuga verde... muy rara, y miles de insectos. Es posible aprender cómo las *(long pause)* húmeda...

Examinadora: ... las estaciones.

Candidata: Sí, las estaciones húmeda y seca cambian la vida en el planeta, por ejemplo.

Examinadora: Y ver y aprender todo esto es positivo, ¿no?

Candidata: El problema es que este turismo ya es bastante masivo, y también* la gente no es muy conciente del impacto de su visita. Como hay tantos grupos de turistas que hacen ecoturismo, su presencia puede que cambia* el ecosistema, porque los animales se escapan, y hay que construir caminos para que la gente pasa*, y eso es destrucción.

Examinadora: ¿Y qué podría hacerse para evitar esta destrucción?

Candidata: Yo opino que la mejor manera de proteger el medio ambiente es informar muy bien a los turistas de los problemas de visitar, y tener un número máximo de personas para cada zona y cada... temporada del año. Principalmente, el gobierno debería declarar épocas de protección al medio ambiente.

Examinadora: Me parece sensato. ¿Y crees que no podría visitarse más de una vez?

Candidata: Eh... sería bueno tener un control, como con un "pasaporte ecológico", para que la gente no abusa* del ecoturismo. Si no cuidamos la naturaleza, puede morir, y no será posible recuperar* en el futuro. ¡Esto es muy importante para la* planeta! El problema es que en Costa Rica no quieren perder dinero, y entonces no hay límite.

Examinadora: Bien. Otra forma de proteger el planeta y el medio ambiente es el reciclaje, ¿verdad? ¿Te parece útil?

Candidata: Eh... Sí, me parece bueno en general. Yo leí que en Hispanoamérica están muy acostumbrados a reciclar, por ejemplo, y que son muy concientes de la naturaleza. Me parece que todos tenemos que hacer algo para ayudar [*] la* planeta, y reciclar es fácil. Es importante no abusar.

Examinadora: Así ayudaríamos a detener el calentamiento global, ¿no te parece?

Candidata: ¡Claro! Pero yo vi un documental que dijo* que posiblemente ya es muy tarde, que el hielo de los polos... desaparece. Pero igual tenemos que ayudar con reciclar y cuidar mucho la naturaleza, porque si no, sufrimos* nosotros en el futuro.

Examinadora: Tienes razón. Muy interesante. ¡Muchas gracias!

e Analysis of performance at grade A

The candidate begins awkwardly with a discussion of statistical information which shows a limited command of appropriate vocabulary. Her understanding of the ideas in the extract is however very good, as is her grasp of the examiner's questions. Some of her responses are fluent and idiomatic. The second part, on Costa Rica, shows excellent knowledge and preparation, and the candidate sticks to her five points.

The level of language in both parts of the oral is sufficient for the candidate to be awarded the highest grade, although the subjunctive and indicative are sometimes confused and reflexive pronouns are omitted.

Texto B — Discussion of an article and topic conversation

Task

Tienes 20 minutos para estudiar este texto. Tienes que:
- contestar a las preguntas basadas en el texto
- discutir los temas del texto
- considerar tus opiniones y tu actitud con respecto al tema de la industrialización y del medio ambiente en Sudamérica

---

Miles marcharon contra papelera

Miles de argentinos marcharon el sábado hacia la frontera con Uruguay en una de las protestas más grandes contra la instalación de la papelera de la empresa finlandesa Botnia.

Las demostraciones ya llevan más de dos años contra la construcción de la fábrica que, según los asambleístas, contaminará el ambiente y el río Uruguay.

Este viernes, el presidente de Uruguay autorizó la puesta en marcha de la papelera. Corresponsales indican que esta decisión empeoró la ya difícil relación con el gobierno de Argentina.

Los manifestantes marcharon portando carteles que rezaban "No a las papeleras". Miles de autos tocaban bocina a medida que se acercaban al puente General San Martín, que une Argentina con Uruguay, y desde donde podían ver la planta finlandesa sobre el río Uruguay, que separa a los dos países. También hubo marchas náuticas con lanchas sobre el río.

Argentina recurrió a la Corte Internacional de La Haya para que falle en el conflicto, y todavía está a la espera de una decisión definitiva. Argentina alega que su vecino violó un tratado internacional sobre el río Uruguay.

Uruguay, por su parte, dice que la iniciativa de US$ 1.200 millones — la más grande en la historia del país — utiliza la tecnología más moderna y no contaminará el río.

La policía uruguaya está custodiando la planta y ha cerrado parcialmente la frontera desde el viernes.

Los presidentes de ambos países se habían abrazado en la Cumbre Iberoamericana en Chile, en una rara demostración de amistad, pero ya han vuelto a "gruñirse" mutuamente.

Adaptado de "Miles marcharon contra papelera", *BBCMundo.com*, 11 de noviembre de 2007

Discussion of article (5–6 minutes)

Examinador: ¿Por qué se han hecho protestas en Argentina?

Candidata: Bueno, eh... porque en Uruguay ahora hay una papelera... Perdón, ¿es una fábrica de papel?

Examinador: ¡Exacto!

Candidata: Gracias. Sí, hay una papelera finlandesa, y hay muchos* protestas porque dicen que contaminará el ambiente y el río Uruguay, que es* entre Argentina y Uruguay. El artículo dice que el presidente de Uruguay... eh... puesta* en marcha la papelera, y terminó la relación buena con Argentina desde ese momento. Dice que miles de argentinos fueron* en la frontera con Uruguay y marcharon con carteles de "No a las papeleras". Ellos han tocado bocina en el puente entre las* países, que se llama... eh... General San Martín. También hacían* marchas náuticas sobre el río.

Examinador: ¿Y por qué Uruguay no ha hecho caso a los asambleístas?

Candidata: Eh... porque dice que no contaminará el río, porque la tecnología es más moderna... y que ganarán mil doscientos millones de dólars* con esta papelera, que está* la más grande de la historia de Uruguay.

Examinador: ¿Cuál es la situación actual en el conflicto?

Candidata: Bueno, Argentina fue a la Corte Internacional, pero no tiene una (*long pause*) decisión definitiva.

Examinador: ¿Cuál país tiene razón en tu opinión?

Candidata: Creo que Argentina tiene razón.

Examinador: ¿Por qué?

Candidata: Porque no importa la tecnología. Siempre en toda la manufactura [*] contamina el ambiente, y el río. Creo que ellos ven el dinero y no realizan* el problema de la natura*.

Examinador: ¿Qué debería hacer la Corte de La Haya?

Candidata: Creo que deba* ayudar a los ecologistas y prohibir la fábrica, porque si construya* una fábrica ahora y ella* permítelo*, después van a construir muchas más. Creo que la corte debe dar dinero a Uruguay y pedir que... desarrolla* otra industria que no contamina*, eh... por ejemplo el turismo.

Examinador: ¿Crees que es posible desarrollar la industria sin contaminar?

Candidata: Sí, pero depende de qué industria. La mayoría contamina.

Examinador: ¿Por qué?

Candidata: Porque el humano usa las... eh... ay, no sé cómo se dice, las cosas para... para hacer funcionar las máquinas.

Examinador: ... los combustibles.

Candidata: Sí, los combustibles no ecológicos, y entonces contaminan. Hay industrias que ayudan a* desarrollo de los países sin humo. Como en España, que el turismo ayuda la economía, pero no contamina.

Examinador: Claro. Bueno, muchas gracias.

Topic conversation (10–12 minutes)

The oral form the student brought in contained the following:

---

1 Por qué es conocida la literatura en español.
2 El Siglo de Oro español.
3 Miguel de Cervantes Saavedra y "Don Quixote* de la Mancha".
4 Adaptaciones al cine.
5 ¿Un "Siglo de Oro" del cine en español?

Examinador: Bien, y dime, ¿de qué tema te gustaría hablar?

Candidata: Bueno, yo quisiera hablar sobre la literatura y el cine en español. Primero quisiera hablar de la literatura, que es muy famosa, porque hay escritores realmente importantes, como el colombiano Gabriel García Márquez, que ganó un Premio Nobel de Literatura en... *(pause)* bueno, y que hay movimientos literarios como el "realismo mágico". Pero creo que haya* que considerar realmente cómo era la literatura en el pasado para comprender por qué es tan rica ahora. Principalmente debemos considerar el Siglo de Oro de la literatura española.

Examinador: Bien, ¿y por qué se lo llamó el Siglo de Oro?

Candidata: Porque era una época [*] que [*] escribía mucho en España, y los autores fueron* muy buenos. Los más famosos son Federico García Lorca*, que escribió teatro, y Miguel de Cervantes. Lo más importante de esa época fue* que rompieron tradiciones y formas muy difíciles de leer...

Examinador: Entonces, rompieron tradiciones, ¿y qué pasó luego?

Candidata: Bueno... uno de los resultados era que simplificaron el estilo, y que nació la novela, que inventó Miguel de Cervantes.

Examinador: ¿Realmente la inventó? ¿Quién era Cervantes?

Candidata: Bueno, dicen que "Don Quijote de la Mancha" es la primera novela... o sea que... sí, inventó la primera novela. Miguel de Cervantes fue* un escritor muy talentoso y original. Él luchó en una batalla, en... Italia, y perdió una mano... Y también era* preso en Algeria*, y en la cárcel empezó a escribir sobre su tierra, que fue* Castilla la Mancha, y así nació "Don Quijote", que son dos libros realmente impresionantes.

Examinador: ¿Y de qué tratan?

Candidata: Bueno, son la historia de un señor... un hidalgo... bueno, no, él no era noble, pero como leó* muchos libros de caballería, él volvió* loco, y pues* salió en* aventuras... Inventó una señorita, Dulcinea, y la buscó*, y tuvo* un compañero, que era simple* pero muy bueno, Sancho Panza.

Examinador: ¿Y encontró a Dulcinea del Toboso?

Candidata: No, nunca vio... ella*. Y dicen que Cervantes se inspiró en una señora real... y que todos estaban* reales, pero exagerados... bueno, pero lo importante del libro es que... él hacía una crítica a la literatura y la sociedad de la época, que fue* muy fantasiosa y muy complicada... y con un estilo muy rico, así todos recuerdan las aventuras que tenía* Don Quijote. La más famosa fue con los molinos de viento. Él creía que eran unos gigantes, como en los libros de caballería, y luchó contra ellos. Y ahora hay frases en español, como "no luches contra molinos de viento", o "con la iglesia hemos dado, Sancho"...

Examinador: ¿Y sabes qué quiere decir esta última?

Candidata: Eh... no estoy muy segura... pero creo que diga* que ¿no es posible decir no a la iglesia?

Examinador: Bueno, en realidad quiere decir que hasta ese punto ha llegado la conversación, que el resto es cuestión de fe. Y dime, ¿has visto alguna versión de cine del Quijote?

Candidata: Bueno, sí. Vi una adaptación en dibujos muy buena, que contó* varias de las aventuras, pero no todas... y [*] han hecho muchas adaptaciones en España con actores, como "El caballero don Quijote de la Mancha" en 2006, e inclusive en otros países. Es que el cine en español es* en un "Siglo de Oro" en este momento, en mi opinión.

Examinador: ¿Y por qué?

Candidata: Bueno, porque se estimula mucho la producción de películas en español. En el siglo XX la influencia de Hollywood fue muy fuerte, y entonces no había nada de cine en castellano, excepto películas de directores muy serios, como... eh...

Examinador: Como Luis Buñuel, ¿no?

Candidata: Eh... sí. Pero ahora tenemos películas famosas de todos los países hispanos, como México, Argentina, España... y directores como Almodóvar, que inyectan mucha vida en el cine en español. Y por eso yo digo que es un Siglo de Oro.

Examinador: Para terminar, dime, ¿por qué consideras que Almodóvar es un director importante?

Candidata: Eh... bueno, porque él ach... tuvo* un estilo muy personal, y siempre ha sido fiel a su estilo. Y así escribió* películas famosas, que describen los problemas y la sociedad española de una forma muy personal, no tan realista, un poco exagerada y grotesca, pero con mucho contenido, como "Todo sobre mi madre", "Hable con ella" y "Volver", que habla de Andalucía.

Examinador: Bueno, muchas gracias.

Candidata: Gracias.

e Analysis of performance at grade C

Overall, there is some merit in the candidate's performance. The candidate argues her case confidently in the first part of the oral but unfortunately misunderstands part of the article (she exaggerates the political complications, mistakes the investment for future profit, and assumes there are other paper factories). It is important that candidates use their preparation time to read the text very carefully or they might be caught out by an examiner's question.

The second part is a wide-ranging conversation about Hispanic culture with some interesting ideas but unfortunately the candidate does not get enough of her facts right to score a high mark (e.g. stating that García Lorca was a Golden Age writer and that *Volver* is set in Andalucía when it depicts Castilla-La Mancha); the discussion is lacking in depth.

Linguistically, the performance is not impressive, especially in the handling of the verb: for example, in the first part of the oral, there are five errors in the form of the verb in one short section; *ser* and *estar* are also confused in places; occasionally the candidate struggles to find the appropriate vocabulary (e.g. *dolars*, *realizan*, *natura*). In the second part there are fewer problems of vocabulary, the main problem being the handling of tense: basic differences between the imperfect and the preterite do not appear to have been grasped.

A2 Reading

*T*his section focuses on reading and includes six texts at A2, three of which are related to Spain and three to Spanish America, plus a short piece for translation from Spanish into English. As well as the **answers** (i.e. the marking scheme) two of the texts feature **sample answers**: first a performance by a grade-A student and then a performance by a student who would be awarded grade C. These are followed by an explanation of their achievement. Where appropriate, there are **examiner notes** to draw attention to aspects of the text that could be difficult.

Notes on assessment

AQA

The reading questions set by this board are included in *Unit 3 Listening, Reading and Writing, Section A*. There are two to four reading items, requiring short target-language responses or non-verbal answers, as well as a task involving transfer of meaning from Spanish into English.

Edexcel

This board does not assess reading at A2. It is essential however, for you to keep practising this skill, since it is of fundamental importance in the preparation of the writing tasks, which are assessed at this level.

OCR

This board includes reading passages in Section B of *Listening, Reading and Writing 2*. There are two texts, each of which is exploited by a variety of tasks. Some of these tasks require non-verbal responses, others answers in Spanish, with manipulation of the language. There is a 'transfer of meaning' task from Spanish into English.

The papers set by AQA and OCR contain tasks that involve both reading and writing skills. There is some common ground between these two boards in the tasks that are set. Both require:
- 'non-verbal' responses (e.g. box-ticking, matching and single-word response)
- comprehension questions and answers in Spanish
- transfer of meaning from Spanish to English

The reading passages below are drawn from the A2 topics lists prescribed by AQA and OCR, as indicated in the specifications (for a full list of these topics see the Introduction).

Notes on the type of task

The tasks you are most likely to encounter in this section are:
- **open-ended comprehension questions** with answers in Spanish
- **sentence completion** according to the meaning of the text (OCR)
- **transfer of the meaning of a Spanish text into English** (AQA and OCR)
- **explanation in Spanish** of the meaning of phrases drawn from the text (OCR)
- **gap-fill in Spanish**, done by inserting into sentences words or phrases which fit the context of the text (OCR)

- **matching** descriptions with objects or concepts
- **completing sentences** with one of three possible **multiple-choice endings**

Notes on questions and answers in Spanish

Where both questions and answers are in Spanish, marks are allocated primarily for your comprehension of specific points in the Spanish text rather than for your linguistic accuracy in the expression of the answer. The examiner will have a list of correct points for each question and if you communicate them fully and clearly you will receive the maximum mark for the question. The rubric will indicate whether or not the points have to be communicated in full sentences.

Marks are withheld if the language you employed is so unclear, ungrammatical or ambiguous in meaning that the examiner cannot tell whether the Spanish has been understood or not.

It is important for you to answer in your own words. If you 'lift' the answer entirely from the reading extract this usually results in no marks being awarded, since the examiner does not know whether you have understood the section or not.

In order to perform well in tasks requiring the use of Spanish you should show the following in your answers:
- a good understanding of the information that is central to the article, in combination with details
- a good understanding of grammatical items such as tense and mood
- a good understanding of a variety of writing registers
- understanding of structures
- the ability to infer meaning and points of view

Notes on transfer of meaning into English

When translating into English:
- before putting pen to paper, take time to read the passage carefully and work out its general meaning
- ensure that you translate the detail of the passage accurately
- check that your English version sounds natural and is not influenced by the syntax of the Spanish passage
- check your English spelling, punctuation and grammar
- don't 'embroider' the original meaning by adding unnecessary words or phrases

AQA

Texto 1   Las leyes y el orden

Si bebes, no conduzcas ni en dos ruedas

Tres de la madrugada de un lunes de febrero en un céntrico cruce de la avenida Diagonal de Barcelona. Prácticamente ni un alma en la calle. Isabel S.R., de 36 años, cruza la avenida conduciendo su bicicleta. Unos metros por delante va una amiga suya, Mayte, de 34, en una moto. Una patrulla de la Guardia Urbana les da el alto. Un control de alcoholemia. "Yo me reía porque la situación me parecía absurda", explica Isabel. Las dos amigas — dos atractivas fotógrafas de diseño de interiores y arquitectura — salían de celebrar el cierre de un contrato. "Reconozco que había bebido algo pero iba bien en la bicicleta", sostiene la joven. Le hicieron soplar el alcoholímetro. Dos veces con un cuarto de hora de diferencia y dio positivo: 0,70 y 0,69 miligramos en las dos tomas. La que conducía la moto, también.

Los agentes avisaron al camión grúa. "Yo les dije que ataba la bici y me iba a casa caminando pero me contestaron que no, que la podía coger en cuanto se marcharan", recuerda Isabel que miró con asombro como metían su bici, junto con la motocicleta de su amiga, camino del depósito municipal.

La historia no acabó ahí. Al día siguiente, Isabel acudió al depósito de la grúa municipal para recoger su bicicleta. "¿Tiene una foto?", le preguntó el del depósito. "Pues no", contestó Isabel que no sabía cómo demostrar que la bici era suya porque se le había regalado y no tenía factura. Al final lo pudo demostrar con la llave del candado.

Dos semanas después recibió en su domicilio la notificación de una multa de 310 euros por conducir con una tasa de alcohol superior a la permitida. La bicicleta tiene la misma consideración de vehículo que los que son a motor, y por eso se apercibe de que al infractor se le puede retirar el carné si la sanción es superior a 300 euros, como es el caso. "Pero, ¿de qué carné me hablan? Para conducir una bicicleta no hace falta carné y yo no tengo el de conducir", se pregunta Isabel.

Adaptado de "Si bebes, no conduzcas ni en dos ruedas", *El País*, 18 de mayo 2006

Task

Lee este texto y contesta a las preguntas EN ESPAÑOL.

(1) ¿Por qué estaba desierta la calle?   (1)
(2) ¿Por qué paró la patrulla a las dos amigas?   (1)
(3) ¿Qué acababan de hacer ellas?   (1)
(4) ¿Cómo salieron del test?   (1)
(5) ¿Por qué no querían los guardias que Isabel tomara la bici?   (1)
(6) ¿Adónde fue llevada la bici?   (1)

(7) ¿Por qué no pudo Isabel retirar su bici al principio? (1)

~~finalmente?~~ (1)

den considerar iguales una

(1)

(1)

is clearly conveyed.

contrato había terminado. ✗

legal and implies the 'closing' or going ahead

nding.

de nuevo. ✔

(6) Are...

e Understood.

(7) Porque le habían dado la bici y no podía probar que era suya. ✔

e Sufficient information for the mark.

(8) Tenía la llave del candado de la bici. ✔

e Clearly understood.

(9) Los dos son modos de transporte. ✗

e Yes, but not the answer in the text.

(10) Porque pidieron su carné de bici cuando las bicis no los tienen. ✔

e Understood.

Total: 7 marks out of 10

Answers

(1) Porque eran las tres de la madrugada. (1)

(2) Porque quería hacer un control de alcoholemia./Porque sospechaba que habían bebido demasiado. (1)

(3) Celebrar la firma de un contrato. (1)

(4) Dieron positivo. (1)

(5) Porque sospechaban que ella volvería a conducirla. (1)

(6) Al depósito municipal. (1)

(7) Porque la bici era un regalo y faltaba la factura. (1)

(8) Mostrando la llave del candado. (1)

(9) En ambos casos, pueden retirar el carné si la multa excede los 300 euros. (1)

(10) La ley habla del carné de la bicicleta, pero no se necesita carné para conducir una bicicleta. (1)

Texto 2   El impacto de los avances de la ciencia y la tecnología

Cuba abre centros de biotecnología

Cuba abrió las puertas de sus centros de investigación biotecnológica a decenas de científicos de todo el mundo que visitan el país con motivo de la celebración del congreso "Biotecnología del siglo XXI" que se celebra en La Habana. Entre los visitantes que tuvieron acceso a las instalaciones están científicos estadounidenses, un detalle muy importante si se tiene en cuenta que Washington acaba de acusar a La Habana de producir armas biológicas.

"Cuando uno ha dejado de vivir por dedicarse a salvar vidas o a producir alimentos, no puede dejar de sentir rabia ante estas acusaciones", dijo el doctor Carlos Borroto, de la dirección de biotecnología.

Borroto es además director de las actividades biotecnológicas aplicadas a la agricultura, grupo que en la actualidad trabaja, entre otras cosas, en el proceso de clonación de un ternero. Ésta es la primera clonación que se realiza en Cuba y, al parecer, está ya bastante avanzada. "Poco a poco hemos ido venciendo las barreras biológicas", dijo Borroto, y agregó que "ya es sólo cuestión de poner embriones suficientes".

"Nosotros no queremos levantar falsas expectativas, el proyecto va dirigido fundamentalmente a producir fármacos en leche", expresó Borroto, descartando a corto plazo el uso de la clonación para el mejoramiento de razas. Para los científicos cubanos, el éxito principal está dado por el hecho de que Cuba, un país pobre, sea capaz de manejar una técnica tan de punta como la de la clonación.

En la actualidad Cuba produce un buen número de medicamentos y vacunas de creación cubana, mientras otras investigaciones están logrando resultados satisfactorios como las vacunas contra el cáncer de pulmón y la meningitis tipo B, y la medicina para la reconstitución de la piel quemada.

La mayoría de los científicos cubanos son relativamente jóvenes, con un promedio de edad que apenas supera los 30 años, pero han pasado cursos de especialización en las universidades más importantes del mundo.

Adaptado de "Cuba abre centros de biotecnología", *BBCMundo.com*, 29 de noviembre de 2002, http://news.bbc.co.uk/hi/spanish/science/newsid_2528000/2528949.stm

Task

Lee este texto y contesta a las preguntas EN ESPAÑOL.

(1) ¿Por qué fueron los científicos a la Habana? (1)

(2) ¿Por qué parece extraño que asistieran científicos estadounidenses a este congreso? (1)

(3) Según Carlos Borroto, ¿cuáles son los dos objetivos generales de su trabajo? (1)

(4) ¿Cómo se sentía Borroto ante las acusaciones? (1)

(5) ¿Cuál es el objetivo de la investigación actual del grupo? (1)

(6) ¿Qué queda por hacer para terminar esta investigación? (1)

(7) Esta investigación se podría hacer, a largo plazo, para otro fin. ¿Cuál? (1)

(8) ¿Por qué los científicos cubanos están orgullosos de manejar esta técnica? (1)

(9) ¿Qué evidencia hay de que Cuba tiene más éxito que antes en el campo de la biotecnología? (1)

(10) ¿Cómo mejoran sus conocimientos los jóvenes médicos cubanos? (1)

Answers

(1) Para asistir al congreso "Biotecnología del siglo XXI". (1)

(2) Porque Estados Unidos había acusado a los cubanos de producir armas biológicas. (1)

(3) Salvar vidas y la producción de alimentos. (1)

(4) Rabioso./Muy enfadado./Enojado. (1)

(5) Descubrir una técnica para clonar un ternero. (1)

(6) Poner suficientes embriones. (1)

(7) Utilizar la clonación para mejorar las razas. (1)

(8) Porque Cuba es un país pobre. (1)

(9) Han hecho otras investigaciones exitosas en biotecnología (como las vacunas contra el cáncer de pulmón y la meningitis tipo B, y la medicina para la reconstitución de la piel quemada). (1)

(10) Estudiando cursos de especialización en el extranjero. (1)

Texto 3 La inmigración

La carta de un marroquí

Querida Sonia:

Hoy han venido dos periodistas para hacerme una entrevista y estoy lleno de dudas. Me han asegurado que no me va a pasar nada malo, pero no sé qué pensar y necesito que me des tu opinión.

Les he contado que soy de Tetuán, que tengo 20 años y siete hermanos, que soy el único de mi casa que ha decidido emigrar, que mi madre se llama Fátima, que mi padre es albañil, y que ninguno de nosotros tiene un trabajo fijo. Que he trabajado de pinche de cocina y de aparcacoches en un restaurante, y que me hubiera gustado ser electricista.

Luego han querido saber por qué decidí venirme a España, cómo fue el viaje, y yo... se lo he contado todo, desde mi primer intento, escondido en el garaje del ferry de Ceuta a Algeciras, cuando me pillaron y me devolvieron a Marruecos, hasta la aventura de la patera*, hace un año. La noche que pasamos amontonados en aquella casa, el día entero escondido en el bosque de Ceuta con los otros 30. La salida, a las diez de la noche, en esa cáscara de nuez, el miedo de morir ahogado; la llegada a la playa, cerca de Algeciras, en plena noche; la loca carrera, monte arriba; la disolución del grupo, y cómo, de pronto me vi completamente solo — y mojado — bajo las oscuras estrellas de España. Luego la bajada a Algeciras, el taxi que me trajo hasta aquí, a Puebla de Vícar.

Luego les he contado todo mi calvario en este infierno. Sí, todo: mi primer trabajo en la granja, sin agua y sin cocina, donde vivíamos ocho. Que de los once meses que llevo aquí sólo he podido trabajar cinco, y que aún no he podido devolver ni un euro... les he dicho que para mí España era un país de sueños, pero que ahora es el país de las pesadillas. Que sólo pido un trabajo digno, una vivienda decente y arreglar mis papeles. Que estoy deseando marcharme lejos de estos agricultores que te explotan y te pagan fatal.

¡Por favor, escríbeme lo antes posible!

Anuar

* patera (E) = bote precario

Adaptado de "Los otros españoles", *El País Semanal*, 27 de febrero del 2000

Task

Hay ocho frases incompletas (1–8) con tres alternativas para completar cada una. Sólo una alternativa es correcta. Escribe A, B o C en la casilla apropiada.

(1) Anuar no está seguro de que:

  A Sonia le vaya a dar su opinión.

  B los periodistas publiquen su verdad.

  C la entrevista vaya a ser provechosa para él.

(2) Anuar les cuenta a los periodistas que:

  A sus padres trabajan juntos.

  B dejó a sus hermanos en Tetuán.

  C es el único que ha tenido trabajo fijo.

(3) Él trabajó en la industria:

  A alimentaria.

  B de la construcción.

  C de la electricidad.

(4) Después del primer intento de emigrar tuvo que:
   A regresar de España a Marruecos.
   B volver a su país.
   C coger el ferry a Algeciras.

(5) En la aventura de hace un año los emigrantes estaban:
   A encimados en una casa todo el día.
   B rodeados de árboles.
   C escondidos en una patera.

(6) Cuando Anuar llegó a Algeciras:
   A se dispersó rápidamente el grupo.
   B ya era de día.
   C sus compañeros le abandonaron.

(7) Es probable que le faltara dinero porque:
   A las condiciones de trabajo eran malas.
   B los agricultores eran corruptos.
   C pudo trabajar menos de la mitad del tiempo.

(8) Lo que desea ahora es:
   A que el Estado le haga legal.
   B que los agricultores le paguen mejor.
   C encontrar una casa en la región.

(8 puntos)

Answers

(1) C, (2) B, (3) A, (4) B, (5) B, (6) A, (7) C, (8) A

Texto 4   La contaminación

Task

Traduce *al inglés* este texto.

Los siete kilómetros del río Umia, teñidos de azul turquesa por el vertido tóxico en Caldas de Reis (Pontevedra), son un gran cementerio sin vida animal ni vegetal de ninguna clase. Pero no todo son malas noticias: el avance del vertido es cada vez más lento y tres diques cauce abajo mantienen limpios los últimos 13 kilómetros del río. Ya se permite pescar mariscos en la desembocadura. La ministra de Medio Ambiente, Cristina Narbona, anunció ayer que habrá una ley para que las empresas cubran los desastres que ocasionen, pero eso mismo ya lo dijo cuando llegó al Gobierno, hace más de dos años.

Adaptado de "El vertido tóxico avanza lento por el río Umia y ya se permite mariscar", *El País*, 4 de septiembre de 2006

Suggested translation

The 7 kilometres of the river Umia, stained turquoise by the toxic spill(age) in Caldas de Reis (Pontevedra), are a big cemetery with no/without any animal or plant life whatsoever. But it is not all bad news: the progress of the spill has become slower and slower, and three dykes downstream are keeping the final 13 kilometres of the river clean. Now fishing for shellfish is permitted in the mouth of the river. The Minister for the Environment, Cristina Narbona, announced yesterday that there will be a law to make companies cover the cost of the disasters that they cause, but she said the very same thing when she entered the government over 2 years ago.

OCR

El medio ambiente

Llevo más de 20 años estudiando a los osos

Desde 1985 Alfonso Harta-Sánchez se dedica a observar el comportamiento del oso pardo en el parque natural de Somiedo (Asturias). "Mi trabajo consiste en descubrir cómo vive, cómo se reproduce, cuál es su estado actual y qué problemas padece la colonia de cien osos que habita en la Cordillera Cantábrica. Para realizar este trabajo me levanto muy temprano y recorro una zona del monte en busca de oseras. Durante el recorrido anoto los problemas que pueden afectar a los osos, como señales de caza furtiva o problemas derivados del turismo".

Sin embargo, la labor de este naturalista ha ido cambiando con el paso del tiempo. "Al principio, mi trabajo consistía en realizar seguimientos para averiguar los daños que causaban los osos en la ganadería de la zona. Y ya desde hace algunos años, me encargo de estudiar el problema de la especie con el objetivo de evitar su desaparición. En el año 1985, el oso estaba considerado como una fiera a la que había que matar. Hoy, en cambio, hasta las juntas ganaderas de la zona consideran al oso una especie a proteger", explica este enamorado de la naturaleza.

"Aunque el rastro del oso es inconfundible, es muy difícil contemplar un ejemplar de cerca, porque es un animal muy esquivo ante la presencia del hombre. Hace tres años, en Palencia, tuve suerte y pude contemplar a un ejemplar a unos quince metros. Estaba rascándose en el tronco de un árbol. En cuanto me detectó a través del olfato, se marchó". Alfonso reconoce que ha pasado más miedo cuando se ha encontrado de cara en medio del monte con un jabalí o un toro que cuando ha estado a menos de cinco metros de un oso. "Si no te mueves, el oso se marcha, porque es un animal tímido".

Adaptado de "Llevo más de 20 años estudiando a los osos", *Mía*, 11–17 de abril de 2005

Tarea 1 (párrafo 1)

Rellena cada espacio en blanco con UNA palabra del recuadro, según el sentido del texto. Sólo puedes usar cada palabra UNA vez.

cazan	son	va	comportan	levanta
gustan	lleva	investiga	desarrollan	destruye
tienen	continúa	están	rechazan	preocupan

Alfonso **(1)** .... muchos años observando cómo se **(2)** .... los osos en un parque natural asturiano. Este naturalista **(3)** .... la reproducción de estos animales, cómo **(4)** .... actualmente y los

problemas que **(5)** .... los osos de la sierra. Normalmente, Alfonso
(6) .... buscando los osos por todo el monte. A veces, le **(7)** ....
unos problemas graves relacionados con los cazadores furtivos, que los
(8) ...., o con el turismo.

(8 puntos)

Tarea 2 (párrafo 2)

Contesta a las siguientes preguntas EN ESPAÑOL.
(1) ¿En qué consistía el trabajo de Alfonso al principio?   (3)

....

(2) ¿Cómo cambió su trabajo con el tiempo?   (3)

....

(3) ¿Qué imagen tenía el oso en 1985?   (2)

....

(4) ¿Qué imagen tiene actualmente?   (2)

....

(10 puntos)

Tarea 3 (párrafo 3)

Completa estas frases según el sentido del texto.
(1) Observar un oso a poca distancia no es fácil porque al animal no le...   (2)

....

(2) Primero el oso no se dio cuenta de que Alfonso...   (1)

....

(3) El oso le detectó porque...   (1)

....

(4) A Alfonso, toparse con un jabalí de cerca le...   (2)

....

(5) Si te encuentras con un oso en el monte, ¡no...   (1)

....

(7 puntos)

Sample answer at grade C

Tarea 1

Alfonso **(1) lleva** ✔muchos años observando cómo se **(2) cazan** ✗ los osos en un parque natural asturiano. Este naturalista **(3) investiga** ✔ la reproducción de estos animales, cómo **(4) comportan** ✗ actualmente y los problemas que **(5) tienen** ✔ los osos de la sierra. Normalmente, Alfonso **(6) va** ✔ buscando los osos por todo el monte. A veces le **(7) preocupan** ✔ unos problemas graves relacionados con los cazadores furtivos, que los **(8) desarrollan** ✗, o con el turismo.

Total: 5 marks out of 8

Tarea 2

(1) Sigue a los osos ✔ para ver los daños que hacen. ✔ (2)

🄴 Only partially understood.

(2) Un cambio total. ✔ Hace muchos años desaparecen los osos. ✗ (1)

🄴 Misunderstood, but some credit for first point.

(3) En el año 1985, el oso estaba considerado como una fiera a la que había que matar. ✗ (0)

🄴 Lifted from text. No evidence of understanding.

(4) La gente piensa ✔ que debemos proteger este animal. ✔ (2)

🄴 Understood.

Total: 5 marks out of 10

Tarea 3

(1) gusta los hombres. ✗ (0)

🄴 Insufficiently clear to warrant a mark.

(2) estaba cerca. ✔ (1)

🄴 Acceptable alternative answer.

(3) (Left blank) ✗ (0)

(4) da miedo. ✔ (1)

🄴 Part of answer given

(5) moverte! ✔ (1)

🄴 Meaning correct but ungrammatical; just acceptable.

Total: 3 marks out of 7
Overall total: 13 marks out of 25

Answers

Tarea 1

(1) lleva   **(3)** investiga   **(5)** tienen   **(7)** preocupan

(2) comportan   **(4)** están   **(6)** va   **(8)** cazan

Tarea 2

(1) En seguir a los osos (1)
para descubrir los daños al ganado (1)
que habían ocasionado. (1)

(2) Cambió radicalmente: (1)
ahora (el oso está desapareciendo y) lo investiga (1)
para ver cómo evitar su desaparición. (1)

(3) En 1985 la gente lo trataba como una bestia salvaje (1)
que había que matar. (1)

(4) Hoy en día, se considera el oso como una especie (1)
en vías de extinción. (1)

Tarea 3

(1) ... gusta estar (1)
muy cerca de un hombre. (1)

(2) ... lo contemplaba. (1)

(3) ... le olfateó. (1)

(4) ... da más miedo (1)
que toparse con un oso. (1)

(5) ... te muevas! (1)

Texto 6 El medio ambiente

Éxodo en México tras inundaciones

La devastación originada por las inundaciones en el estado mexicano de Tabasco ocasiona un éxodo masivo de damnificados, mientras que muchos esperan ser rescatados en los techos de sus casas. Villahermosa, la capital, está completamente inundada e incomunicada. Los servicios de emergencia continúan trabajando para rescatar a los cientos de miles de personas atrapadas en las inundaciones en ese estado sureño, las cuales ya han afectado a más de un millón de personas.

El presidente de México, quien se desplazó a Villahermosa, calificó las inundaciones como "extraordinariamente graves" y uno de los peores desastres naturales de la historia del país. Asimismo, recordó que se requiere urgentemente "agua embotellada, alimentos, colchonetas, pañales desechables, jabones, otros artículos de limpieza personal, biberones, medicinas". El primer mandatario confirió poderes especiales a los soldados y miembros de la policía que se encuentran en la zona para mantener el orden y evitar los saqueos. También exhortó a todas las personas que tengan cualquier tipo de embarcación que vayan a la capital a ayudar en las labores de rescate.

De acuerdo con un comunicado emitido por la Comisión Nacional del Agua, las precipitaciones en Tabasco están un 84% por arriba de su promedio normal y la crecida en los ríos es la más importante de los últimos 50 años. Las inundaciones empezaron la semana pasada como consecuencia de las fuertes lluvias que generó un frente frío. El fenómeno atmosférico vino acompañado de vientos de hasta 120 kilómetros por hora y fuertes mareas.

Los daños en la agricultura prácticamente fueron pérdida total, ya que el 100% de los cultivos de plátano, coco, pimienta y limón fueron destruidos. Estos productos agrícolas son los más importantes para una región que depende del campo y del mar y en la que se ubica gran parte de la infraestructura de extracción petrolera del Golfo de México. Las tormentas forzaron el cierre de tres de los puertos petroleros más importantes del país, provocando la interrupción de casi todas las exportaciones de crudo y la paralización de un quinto de la producción del petróleo.

Adaptado de "Éxodo en México tras inundaciones", *BBCMundo.com*, 3 de noviembre de 2007, http://news.bbc.co.uk/hi/spanish/latin_america/newsid_7074000/7074454.stm

Tarea 1 (párrafo 1)

Rellena cada espacio en blanco con UNA palabra del recuadro, según el sentido del texto. Sólo puedes usar cada palabra UNA vez.

destruir	esperar	secar	poder	guardar
caer	cesar	golpear	deber	salvar
escapar	salir	llover	inundar	nevar

Muchos habitantes de Tabasco no pueden **(1)** .... de las inundaciones que acaban de **(2)** .... este Estado mexicano. Todavía miles de personas deben **(3)** .... la llegada de los helicópteros en los techos. Los servicios de emergencia trabajan sin **(4)** .... para **(5)** .... las vidas de las personas atrapadas. Comenzó a **(6)** .... hace unos días y las aguas han llegado ya a **(7)** .... toda la capital. Muy pocos han tenido la suerte de **(8)** .... marcharse de la ciudad.

(8 puntos)

Tarea 2 (párrafo 2)

Completa estas frases según el sentido del texto.

(1) La gravedad de las inundaciones fue señalada...   (1)

....

(2) Según el presidente, México casi nunca había sufrido...   (2)

....

(3) Muchos artículos esenciales...   (1)

....

(4) Los soldados y la policía tenían poderes para impedir que los edificios
fueran...   (1)

....

(5) El presidente pidió que todos los que tuvieran una embarcación... (2)

....

....

(7 puntos)

Tarea 3 (párrafos 3 y 4)

Contesta a las siguientes preguntas EN ESPAÑOL.

(1) ¿Como se diferencia la lluvia de este año con la de años anteriores? (2)

....

(2) ¿Qué factores atmosféricos ocasionaron las inundaciones?   (2)

....

(3) ¿Cómo afectaron los vientos al mar?   (1)

....

(4) ¿Cómo fue afectada la agricultura de la región?   (2)

....

(5) ¿Qué consecuencias tuvieron las inundaciones en la industria del
petróleo?   (3)

....

....

(10 puntos)

Answers

Tarea 1

(1) escapar   **(3)** esperar   **(5)** salvar   **(7)** inundar

(2) golpear   **(4)** cesar   **(6)** llover   **(8)** poder

Tarea 2

(1) ... por el presidente (de México).	(1)
(2) ... un desastre	(1)
tan grave.	(1)
(3) ... hacían falta (urgentemente).	(1)
(4) ... saqueados.	(1)
(5) ... fueran a rescatar	(1)
a la gente atrapada.	(1)

Tarea 3

(1) Ha aumentado un 84%	(1)
en comparación con el promedio.	(1)
(2) Las fuertes lluvias	(1)
(generadas por) el frente frío.	(1)
(3) Ocasionaron fuertes mareas.	(1)
(4) Las inundaciones destruyeron la agricultura	(1)
casi totalmente.	(1)
(5) Las autoridades tuvieron que cerrar tres de los puertos petroleros.	(1)
La exportación del petróleo fue interrumpida.	(1)
La quinta parte de la producción fue paralizada.	(1)

Texto 7 — La sociedad

¿Qué culpa tiene el tomate?

En los primeros días de la primavera, alrededor de cinco mil personas de diferentes provincias fueron a Buenos Aires a reclamar por la tierra, su tierra, amenazada por un modelo productivo que la agota, la contamina y la parcela. Las mujeres son mayoría en este movimiento campesino e indígena.

Buenos Aires es donde se asientan las oficinas de <u>quienes en sus tierras los quieren sacar a punta de rifle</u>. Es que para estas gentes el territorio es mucho más que un pedazo de tierra: es espacio de vida, salud, educación, género, producción, organización y lucha. <u>Estos campesinos y campesinas no sólo reclaman por espacio de pertenencia</u>, sino que se enfrentan a un modelo de explotación agropecuaria* que hace que el tomate esté cada vez más excluido de la comida cotidiana del resto del país.

Nidia González tiene 23 años y desde hace tres que ingresó a la Unión de Trabajadores sin Tierra del departamento de Lavalle. Detrás de ella vinieron sus padres, hermanos y sobrinos. "Vivimos ahí desde siempre y creemos que esas tierras nos corresponden por preexistencia", asegura. "Empezamos la lucha. Estar en la lucha significa defender nuestros derechos, nuestra posesión de la tierra". Cada una de las 120 familias que integran esta organización tiene su "puesto", un espacio donde está ubicada la vivienda y el resto de terreno abierto donde se crían los animales. "En nuestro campo no hay alambrados ni límites ni nada, es todo para todos. Si los animales se pasan para el otro lado, está todo bien y así lo queremos. Pero el gobierno quiere reconocernos un pedacito de tierra y que nos quedemos ahí", explica con paciencia.

Según los cálculos del Movimiento Nacional Campesino Indígena, el 82 por ciento de los productores, ya sean familias campesinas o trabajadores rurales, ocupan sólo el 13 por ciento de la tierra, mientras que el 4 por ciento de las denominadas explotaciones agropecuarias son propietarias del 65 por ciento del total de la tierra utilizada para la producción. La consecuencia de la concentración de la tierra en pocas manos es la expulsión de las familias campesinas a través de métodos violentos y engaños.

*agropecuaria = del campo

Adaptado de "¿Qué culpa tiene el tomate?", http://agendadelasmujeres.com.ar/index2.php?id=3 &nota=4858

Task 1 (paragraph 1)

Transfer into English the meaning of paragraph 1 from "En los primeros días de la primavera" to "en este movimiento campesino e indígena". Marks are awarded for accurate transfer of meaning and the quality of your written English.

(10 marks)

Tarea 2 (párrafo 2)

Explica EN ESPAÑOL lo que significan las siguientes expresiones (que están subrayadas en el párrafo 2 del texto). Utiliza tus propias palabras e intenta no copiar las del texto.

(1) quienes en sus tierras los quieren sacar a punta de rifle   (2)

(2) Estos campesinos y campesinas no sólo reclaman por espacio de
          pertenencia   (2)

(4 puntos)

Tarea 3 (párrafo 3)

Contesta a las siguientes preguntas EN ESPAÑOL. Utiliza tus propias palabras e intenta no copiar las del texto.

(1) ¿Cuántos años tenía Nidia cuando ingresó en la Unión de Trabajadores sin Tierra? (1)

(2) ¿Por qué cree Nidia que las tierras pertenecen a los campesinos? (2)

(3) ¿Por qué lucha ella? (2)

(4) Explica lo que quiere decir Nidia con "es todo para todos". (2)

(5) ¿Qué pasa si un animal pasta en el territorio de otro? (1)

(6) ¿Por qué se opone Nidia a los planes del gobierno? (2)

(10 puntos)

Tarea 4 (párrafo 4)

Las tres frases que siguen repiten la información de las tres frases del párrafo 4. Rellena los espacios en blanco con UNA O MÁS PALABRAS según el sentido del texto.

(1) El MNCP .... que un 13% de la tierra está .... por un 82% de los productores campesinos. (2)

(2) Un 65% del total de la tierra que se .... para los cultivos .... al 4% de las explotaciones agropecuarias. (2)

(3) Los propietarios .... a las familias campesinas utilizando la violencia, y las .... de las tierras en que viven. (2)

(6 puntos)

Answers

Task 1: suggested translation

In the first days of spring, around 5,000 people from different provinces went to Buenos Aires to claim the land, their land, which is threatened by a model of production that exhausts it, pollutes it and divides it up. The majority of this movement of peasant and indigenous people are women.

Tarea 2

(1) Los que quieren echarlos de sus tierras amenazándolos con armas/por la fuerza. (2)

(2) Esta gente del campo no sólo se queja porque las tierras son de su propiedad... (2)

Tarea 3

(1) 20 (1)

(2) Porque viven allí   (1)
  desde siempre.   (1)
(3) Para defender los derechos de los campesinos   (1)
  y su posesión de la tierra.   (1)
(4) El campo está siempre abierto;   (1)
  no existen límites de territorio.   (1)
(5) No pasa nada.   (1)
(6) Porque el gobierno quiere imponer límites   (1)
  y que los campesinos se queden en el territorio que se les proporcione.   (1)

Tarea 4

(1) El MNCP **calcula** que un 13% de la tierra está **ocupada** por un 82% de los productores campesinos.

(2) Un 65% del total de la tierra que se **utiliza** para los cultivos **pertenece** al 4% de las explotaciones agropecuarias.

(3) Los propietarios **engañan** a las familias campesinas utilizando la violencia, y las **expulsan** de las tierras en que viven.

*F*or the specifications that begin in 2008 (first examination 2010) all three awarding bodies require candidates to carry out *essay-writing* tasks at A2, for which careful preparation is needed. Additionally, AQA and Edexcel offer a task for the *transfer of meaning into Spanish*, which we include in this section.

Writing tasks

The tasks set at A2 are related to topics studied at that level and all three boards require similar essay-writing qualities. Most essay titles are of the discursive or imaginative type, with some variations in the way they are presented in the examination paper. The tasks requiring a short translation into Spanish are also topic-related.

Notes on assessment

AQA

In AQA's Unit 3, *Listening, Reading and Writing*, Section A, you carry out a task in which you transfer meaning from English into Spanish. In Section B of the same unit you write one essay on a cultural topic of your choice, choosing your title from the five topics that are prescribed; there are alternative titles on each topic. Candidates must write a minimum of 250 words. (See *Sample writing tasks* on page 148 for a sample title for each topic).

Edexcel

Edexcel's Unit 4, *Research, Understanding and Written Response in Spanish*, is dedicated to writing and translation skills. Section A consists of a short translation task (approximately 80 words) from English into Spanish. In Section B you choose one question from a choice of seven, of either a creative or discursive type; the creative essay may have visual support. Essay length must be between 230 and 250 words. Section C requires a further essay based on research into an aspect of a Spanish-language country/community. Students choose one of four titles set on different areas of the Hispanic country/community; essay length is between 240 and 270 words. (See *Sample essay titles* on page 151 for a selection of titles).

OCR

In OCR's unit *Listening, Reading and Writing 2*, Section C contains two questions on each of the four A2 topics; for each topic, one title is discursive, the other more imaginative. You choose one essay. The recommended essay length is between 250 and 400 words. (See *Sample essay titles* on page 153 for a sample title for each topic).

Notes on essay-writing at A2

There is a good deal of common ground between the boards in their assessment principles and marking practices at A2. When preparing for the writing tasks in the examination, irrespective of the board you are entered for, it is important to bear in mind the following:

- Read the question carefully and take time to plan your answer. It is important that the examiner sees that you have constructed your essay following a clear sequence of ideas. An essay that does not develop logically and/or repeats ideas does not impress the examiner.
- Keep to the precise terms of the essay title. Marks are not awarded for material that digresses from the point, however interesting it may be. You might have written an essay in your course on the same topic but do not learn it by heart and reproduce it verbatim. This practice usually leads to a significant loss of marks. The title of the essay will rarely be the same as the one in the examination paper.
- It is important in a discursive essay at A2 that you express your views in a reasoned manner, since the ability to argue convincingly is a key quality at this level; in this type of essay any personal views given should be well supported by argument. When answering on a creative title it is important to impress the examiner by creating a convincing imaginative situation. If you decide to write in the first person, take care to ensure that the discourse of the character you have created is consistent with his/her background (a doctor or lawyer is unlikely to use the same register of language as a peasant farmer).
- Do not exceed the word limit stated or recommended by the examination board. Candidates who exceed this limit often penalise themselves by repeating their ideas and making additional language mistakes. Furthermore, some boards have a cut-off point after which no more is read.
- It is important to introduce the topic in the opening paragraph and to sum up your response in the final paragraph. Both of these paragraphs should be succinct. Make sure that you do not write too lengthy an introduction and too repetitive a conclusion.
- Take care to write in paragraphs, organised according to a logical sequence of ideas.
- Leave time to check your written Spanish carefully in order to eliminate errors.
- Make sure that you use a range of vocabulary and structures that are appropriate to the topic you are writing about. You should show the examiner that you possess a good range of lexis for each topic set by your examination board.

Notes on tasks for the transfer of meaning from English into Spanish

These exercises are labelled 'transfer of meaning', but to all intents and purposes they are translations. The transfer of meaning task will always relate to one of the A2 topics (for the full list see the introduction) and so you should be sure that you are acquainted with the most common vocabulary associated with your topics. It is impossible to cover every eventuality, but in general the passages will require vocabulary that a competent student could reasonably expect to know.

When translating, be sure to check that your language is as accurate as possible and that the structures that you have produced are as authentic as possible. A common problem when translating is to allow the structures of your mother tongue to 'take over' when you are unsure of how to translate a particular phrase. For example:

- Not *No quiero tú marcharte* (I don't want you to go) but *No quiero que te marches*.
- Not *Ha siempre tenido una aversión a perros* (He's always had an aversion to dogs) but *Siempre ha tenido una aversión a los perros*.

AQA

Section A — Transfer of meaning into Spanish

Topic: The environment

Task

Traduce AL ESPAÑOL estas siete frases.

(1) In several regions of Spain, *bears* roam free. (2)

(2) *Ecologists fear*, however, that the bear population is reducing so quickly that they will soon disappear. (2)

(3) *It may be* necessary to import bears from other countries. (2)

(4) In the Pyrenees, they used to be regarded by *farmers* as a danger to their livestock. (2)

(5) Last winter a bear went into a mountain village when it was hungry and was pursued by dogs. (2)

(6) The animal was so weak that it was not able to resist the dogs, who killed it. (2)

(7) *It is no wonder that* after this incident the local people are beginning to believe that *bears* are an endangered species. (2)

(14 marks)

Notes on the translation

The following points (italicised in the English version above) frequently give rise to error:

- 'bears', 'Ecologists', 'farmers': when nouns are used in a general sense the definite article must precede them.
- 'fear': verbs of fearing can be followed by the subjunctive.
- 'It may be': this phrase could be rendered by *Puede que* or *Quizá(s)* followed by the subjunctive.
- 'It is no wonder that': the Spanish for this phrase is followed by the subjunctive.

Suggested translation

(1) En varias regiones de España (1), los osos deambulan en libertad (1).

(2) Los ecologistas temen, sin embargo, que la población de los osos se esté reduciendo (1) tan rápidamente que pronto desaparecerán (1).

(3) Quizás sea necesario (1) importar osos de otros países (1).

(4) En los Pirineos, eran considerados por los granjeros (1) como un peligro para el ganado (1).

(5) El invierno pasado, un oso entró en un pueblo de montaña cuando tenía hambre (1) y fue perseguido por perros (1).

(6) El animal estaba tan débil que no pudo resistir a los perros (1), que lo mataron (1).

(7) No es de extrañar que, después de este incidente, la gente de la localidad comience a creer (1) que los osos están en peligro de extinción (1).

Section B — Writing

Sample writing tasks (minimum 250 words)

Task

Answer *one* of the following questions IN SPANISH:

(1) Topic: Un estudio de una región o comunidad hispanohablante
¿Cómo ha cambiado durante los últimos 20 años la población de la región que has estudiado? ¿Por qué ha cambiado? En tu opinión, ¿cómo va a cambiar en el futuro? **(40 marks)**

(2) Topic: Una época de la historia hispánica del siglo XX
Analiza las causas y las consecuencias de un acontecimiento histórico del siglo XX en un país hispanohablante. **(40 marks)**

(3) Topic: Un autor hispanohablante
Analiza los temas principales de la obra del autor que te ha gustado más. En tu opinión, ¿por qué tiene éxito esta obra? **(40 marks)**

(4) Topic: Un dramaturgo o poeta hispanohablante
¿Cuáles son las principales influencias en las obras del dramaturgo o poeta que has estudiado? Analiza una obra del dramaturgo o poeta indicando cómo se manifiestan estas influencias. **(40 marks)**

(5) Topic: Un director de cine/arquitecto/músico/pintor hispanohablante
Analiza algunas técnicas del artista que has estudiado. En tu opinión, ¿por qué son eficaces estas técnicas? **(40 marks)**

Note: in the examination you will be given two questions per topic.

Sample essay

(2) Analiza las causas y las consecuencias de un acontecimiento histórico del siglo XX en un país hispanohablante.

La Guerra Civil Española era* el acontecimiento más importante del siglo veinte* para España. Esta guerra sangrienta comenzó en 1939 y el ganador era[*] general Franco, un dictador que mató [*] muchos prisioneros republicanos depués* de la Guerra. El dictador Adolf Hitler le ayudó a ganar la guerra con sus aviones de Alemania que destruieron* Gernica* en un* pais* vasco*.

Esta guerra comenzó porque los politicos* de la derecha y de la izquierda no estaban de acuerdo. Los republicanos no quieren* que España tenian* un rey y [*] los nacionalistas de Franco no [*] gustaban* eso. Asi* Franco quiere* vencer [*] los republicanos con sus tropas, que vienen* de Africa*. Rapidamente* Franco venzó* una parte de España pero no puede* vencer [*] Madrid [*] que resiste [*] sus soldados por 3 años. Eventualmente* Franco ganó todo* España y muchos republicanos fueron en exilio*.

Esta Guerra era importante porque morieron* mucha gente española y porque la gente tenían* hambre por muchos años. España era un país muy pobre en este tiempo* y [*] los otros países en Europa no [*] gustaban* Franco, que no quería su ayuda. La consecuencia más importante era que en España mucha gente eran* contra Franco [*] pero no podían hacer nada porque de* los militares estaban en [*] poder.

Una* otra consequencia* era la pobreza. Mucha gente era muy pobre porque después de la guerra no habían* dinero y tambien* no habían* comida. La gente no podian* hacer nada pero en 1975 Franco morió* y entonces la gente española está* libre y Juan Carlos es* rey. Ahora los politicos* de la derecha y de la izquierda están de acuerdo.

264 palabras

Analysis of performance at grade E

A very weak performance, both linguistically and conceptually. The candidate has not organised his ideas logically and although he attempts to tackle the question in places his knowledge is superficial and flawed in places; there are factual errors, such as dates. Some general points are broadly correct, but there is almost no depth or development.

A major defect is the inability to deal with the terms of the title clearly. 'Causas' are briefly mentioned in paragraph 2 but the candidate does not elaborate usefully and descends into narrative; 'consecuencias' are covered with a little more detail in paragraphs 3 and 4, but this treatment is repetitive and undeveloped.

Linguistically the candidate shows a number of characteristic features of weak candidates (see the errors marked with asterisks): the language is very basic and repetitive throughout, tenses are poorly handled (the present tense is frequently, but erratically, used instead of the past), the *gustar* construction is not known, accents and commas are missed frequently, as is personal *a*; there are a number of misspellings. In places the language is correct but the candidate is unable to produce consistently accurate language.

Edexcel

Translation

Topic: National and international events: past, present and future

Task

Translate into Spanish:

When Spain entered the EU in 1986 there was a great celebration throughout the country. *The Spanish people* welcomed the change *not just* with enthusiasm *but also* with relief. *For several years* Spain had tried to join the organisation but without *success*. Many *people had feared* that if Spain *remained* outside the Community their nation might be isolated from other European countries. *It is not surprising that* Spain considers Europe very positively: Spaniards have become more prosperous, benefiting from being a member of the euro.

Notes on the translation

The following points (italicised in the English version above) frequently give rise to error:

- 'The Spanish people': this sense is *el pueblo español* (i.e. the Spanish nation), and not *la gente española*.
- 'not just ... but also' is *no sólo... sino también*, and not ... *pero también*.
- 'For several years' is translated by using *llevar + gerund*, or *hace* (+ period of time) *que...* or *desde hace* (+ period of time). The English pluperfect would normally be rendered by the Spanish imperfect tense in this structure.
- 'success' is commonly confused with *suceso* (event), its false cognate. The correct translation is *éxito*.
- 'people' — *gente* here — must be followed by the verb in the singular.
- Verbs denoting surprise, such as 'It is not surprising that' are followed by the subjunctive.

Suggested translation

Cuando España ingresó en la UE en 1986, hubo una gran celebración en todo el país. El pueblo español dio la bienvenida al cambio, no sólo con entusiasmo, sino también con alivio. España llevaba varios años intentando adherirse a la organización, pero sin éxito. Mucha gente había temido que si España se quedaba fuera de la Comunidad, su nación podría quedar/estar aislada de otros países europeos. No es de extrañar que España tenga una actitud muy positiva hacia Europa: los españoles se han vuelto más prósperos, y se han beneficiado de ser miembros del euro.

Section B — Creative or discursive essay

Sample essay titles

Task

Escoge uno de los temas abajo y escribe 240–270 palabras EN ESPAÑOL.

Creative essay

(1) Es el verano en Andalucía y hace mucho calor. Luis y Carmen y sus tres hijos van a pie desde la estación a la casa de campo que han alquilado por dos semanas. Isabel, la hija mayor, se adelanta a los otros para llegar primero. Cuando llega a la casa ve un papel pegado a la puerta...
Continúa la historia, explicando lo que decía el papel y lo que ocurrió después.

Discursive essay

(2) ¿Puede evitarse la clonación de seres humanos? ¿Hay razones para ello, aparte de las dificultades técnicas?

(3) "A pesar del progreso social, la mujer todavía no tiene igualdad con el hombre". ¿Estás de acuerdo? ¿Por qué (no)?

Section C — Research-based essay

Sample essay titles

Task

Escribe EN ESPAÑOL sobre *uno* de los siguientes temas. Escribe *240–270 palabras*.

(1) Topic: Una región geográfica
Escoge una industria de la región o ciudad que has estudiado y explica por qué es importante para su economía.

(2) Topic: Un estudio histórico
Describe un acontecimiento histórico importante de la época que has estudiado y explica la influencia que ha tenido este acontecimiento en la historia del país.

(3) Topic: Rasgos de la sociedad hispanohablante moderna
¿Cuáles son los rasgos más destacados de la sociedad hispanohablante que has estudiado? Justifica tu elección.

(4) Topic: La literatura y las artes
Identifica un tema clave de una obra literaria o artística que hayas estudiado. Explica por qué el autor o artista ha escogido el tema y cómo éste se manifiesta en su obra.

Sample essay

(4) Identifica un tema clave de una obra literaria o artística que hayas estudiado. Explica por qué el autor o artista ha escogido el tema y cómo éste se manifiesta en su obra.

En sus obras de teatro, Federico García Lorca se interesaba sobre todo en el tema de la libertad, y esta* tema se manifiesta destacadamente* en "La casa de Bernarda Alba".

Lorca escogió el tema porque le faltaba la libertad en su vida personal. Era homosexual y en aquella época no era posible para Lorca declarar su inclinación sexual sin atraer el odio de la sociedad. Lorca tenía simpatía para los que estuvieran fuera de la sociedad normal, como gitanos, negros y las mujeres que querían expresar sus ideas de manera libre y sin trabas.

Por eso decidió escribir "una* drama de mujeres en los pueblos de España"; deseaba crear un simbolo* de todas las mujeres españolas. Así [*] las mujeres dominan la escena; ningún hombre aparece en la obra. Hay ocho mujeres: Bernarda, la madre, que tiene 80 años, y sus siete hijas. Bernarda es una mujer fuerte y cruel. Sus hijas están reprimidas sexualmente y sin libertad porque su madre impede* que tengan contacto con los hombres, excepto los que tienen el mismo nivel social que la familia de Bernarda.

No obstante, la hija la* mas* joven, Adela, se rebela contra Bernarda porque está enamorada con* Pepe el Romano, y quiere escaparse con él. Adela muestra su deseo de libertad cuando se veste* de verde y amarillo en vez de negro, y se opone a la voluntad de su madre. Al final de la obra, Adela declara su independencia rompiendo el bastón de su madre y, trágicamente, se mata. Por lo menos, Adela se ha escapado de la represión de la sociedad y consigue su libertad en la muerte.

269 palabras

℮ Analysis of performance at grade A

An A-grade essay, which focuses well on the terms of the question: a single important theme is chosen, Lorca's motivation is explained and the way he expresses the theme is described economically, concentrating effectively on the main conflict in the chosen play. The linkage and development of the candidate's ideas are logical and clear.

Linguistically, the essay is impressive despite some awkward constructions and a few slips (e.g. *esta tema, destacadamente, una drama, la hija la mas joven, se veste*) but these are minor compared with the amount of accurate language. The candidate has a good range of appropriate language to write on a literary topic of this kind.

OCR

Writing: imaginative or discursive essay

Sample essay titles

Task

Contesta a UNA de las preguntas sobre UNO de los temas de esta sección. Escribe un mínimo de 250 palabras. Recomendamos un máximo de 400 palabras.

(1) Topic: Cuestiones sociales. Sub-topic: El desempleo, las causas y las consecuencias

Trabajas en un país del tercer mundo con una organización no gubernamental (ONG) que tiene como objetivo crear empleo para la gente de la región. Describe tu trabajo y evalúa su importancia para la población local.

(2) Topic: El medio ambiente. Sub-topic: La conservación de la naturaleza

"Como consecuencia de la destrucción de sus hábitats por el hombre, van desapareciendo más especies cada día". ¿Podemos remediar esta situación, o ya es demasiado tarde? Razona tu opinión.

(3) Topic: La ciencia y la tecnología. Sub-topic: La medicina

"Dentro de poco, la ingeniería genética permitirá que diseñemos nuestros hijos por ordenador. La gente rica irá al hospital a pedir un hijo con oído musical o una memoria perfecta".

¿Es inevitable que ocurran estos avances? ¿Te parecen buenos o malos? Razona tu opinión.

(4) Topic: Cuestiones culturales. Sub-topic: La literatura y las artes

"Todas las artes de lectura, como la poesía o las novelas, están en vías de extinción. Internet y las artes visuales como el cine las están reemplazando por completo". ¿Estás de acuerdo?

Structure and analysis: 15
Relevance and points of view: 10
Quality of language: 20
Section C total: 45

Note: in the examination you will be given two questions per topic.

Sample essay

(1) Trabajas en un país del tercer mundo con una organización no gubernamental (ONG) que tiene como objetivo crear empleo para la gente de la región. Describe tu trabajo y evalúa su importancia para la población local.

El año pasado viajé a Perú con cinco personas: tres chicas y dos chicos. Dos de nosotros, yo y Daniel, eran* ingleses y los tres otros españoles, Clara, Victoria y Marcos. Estábamos en un* ONG multinacional.

Fuimos a un región rural muy pobre en las montañas, donde no tenían trabajo. En esa región habían muchos recursos naturales, pero la población local no [*] aprovechaban de* ellos*. Nadie en el gobierno se interesa en darles trabajo: eran muy pobres y depienden* del estado*, que les daba* dinero para vivir; eso era bastante* sólo para comprar la comida minima* para alimentar sus grandes familias. Solo* cultivaban para vivir y no para vender sus productos. Por* ellos cada día era una lucha: no tenían la educación por* ayudarles [*] escapar de su medio ambiente.

Nuestra tarea era crear empleo por* esta gente, usando la tierra (que era muy rica) para plantar plantas que podrían hacerlo* possible* [*] comercio con otras regiones y las grandes ciudades del país. También teníamos vínculos con la organización internacional "el Comercio Justo".

Era necesario para nosotros convencer a la gente que tenían que utilizar la tierra por* otros cultivos, sobre todo café, que no crecía en esta region* antes. Primero, organizamos una* sistema de plantar el café y coger los granos de café y* ir con esto al mercado local, donde había personas del Comercio Justo. Nuestro papel como ONG era mostrarles como* hacer esto y hacer el trabajo con ellos. Aunque los cinco hablamos español, a veces la población local hablaban* la lengua india* y aprendíamos* algunas palabras.

Afortunadamente, la primera cosecha era muy buena. La población local aprendían poco a poco [*] cultivar café y con el éxito comercial algunos de ellos empiezaron* a pensar en un futuro como granjeros, y olvidar el pasado. Estábamos muy contentos, y ellos también. Después de seis meses en este sitio fuimos a la capital, Lima, y vuelvimos* después a nuestros países.

319 palabras

Analysis of performance at grade C

A fairly competent response at grade C. The project is quite clearly explained, giving reasons for the need to create employment. The balance of the essay could have been improved by concentrating more on the terms of the question: too much space is given to the living conditions of the local people and not enough to the actual work the group undertook or to the assessments of the benefits to the local people.

The candidate's command of the appropriate vocabulary for the task is adequate, but there are persistent grammatical errors, such as the use of the plural instead of the singular, the confusion of *por* and *para*, gender mistakes and the spelling of verb forms. Some constructions are anglicised.